독일의 50대 기업

최상훈 지음

한국문화사

어머님, 아내, 그리고 딸 치영에게

사람은 자기가 무엇인것 만큼, 그 만큼 다른 사람들에게
빛으로 남아있다.(괴테)

머리말

○ 통일이후의 독일은 EC통합을 실질적으로 이끌어 나가면서 세계경제의 중심지로 부각하여 미국과 일본의 경제력을 제치고 구 대륙의 영광을 되찾으려 안간힘을 쓰고있다. 독일은 EC의 단일화폐를 제정할 유럽통화기구를 마인강변의 프랑크푸르트에 유치하여 EC의 금융중심지로 떠올라 세계의 관심을 끌고 있다. 이러한 세계속의 독일의 역할과 이미지는 독일 자본주의의 핵심인 기업들에 내재해 있다.

○ 독일기업하면 우선 독일의 3대 기업인 다임러 벤츠사, 폴크스봐겐사 및 지멘스사를 들게된다. 독일의 기업들은, 그들이 기업활동을 하므로서 국민들을 함께 묶는 일반적인 신뢰를 창출하는 가치와 신념을 가진다고 본다. 이를테면, 다임러 벤츠사의 업적은 고트리브 다임러와 칼 벤츠의 이러한 신념과 가치의 장치내에서의 능력발휘였다. 지멘스사의 맹아도 전자석 전신개발에 대한 베르너 폰 지멘스의 가치와 신념에 대한 투지였다. 독일 제2의 기업인 폴크스봐겐사도 1930년대 독일 노동조합(DAF)의 산하 양대 자회사들의 기선으로 창설되어, "국민차"의 판매를 위해서는 당시 노조기구가 특수 저축체제를 개발·발전시켰던 것이다.

○ 유럽에서의 산업화의 과정은 일반적인 국민들의 일상생활에서 가문, 혈연, 지연, 학연, 나아가서는 지방자치단체나 국민의 영향을 한정하는 사회를 도출해냈다. 세계대전이후 경제기적을

이룩한 서독이 90년 통독으로 인한 정치기적으로 옛 경제 단위로 탈바꿈을 하고있다. 유럽내에서의 국민이동과 블럭화 추세의 거대경제단위에 대한 비젼하에서 통일독일의 성패는 통일비용에 대한 부담능력에 달려있다. 다시말하면, 독일의 성패는 국민적 신뢰를 창출하는 신념과 가치체제내에서의 독일국민들의 일체감에 대한 감각에 좌우된다.

o 동서독의 서로다른 이념의 경제단위가 통독으로 통합되면서, 기업구조의 개선과 기업문화의 융합이 추진되고 있으며, 기업의 단일문화나 잡다한 하부문화(Subkultur)하에서의 혼란문화(Chaos-Kultur)가 아니라, 장점을 개선·이용하는 융합복수문화(Integrierte Pluralistische Kultur)가 추진되고 있다.

o 분단국의 정치적 통일은 비록 짧은 시일에 완성할 수 있지만, 이를 바치고 유지하는 경제적·사회적 통일의 성패는 신뢰를 창출하는 신념과 가치체제내에서의 서로 상이한 체제에서 형성된 국민들의 일체감에 대한 감각에 좌우되리라고 본다. 현실적으로 존재하는 사회주의의 몰락이후 이러한 감각이 와해된 곳에 더이상 경제적, 정치적 통일이 존재하기 어려움을 구 유고 및 소련을 위시한 동유럽에서 보고있다.

o 통일을 추진하고 있는 분단국에 독일의 기업에 대한 조망은 시사하는 바가 많을 것이다. 100년을 전후한 역사를 가진 독일기업들을 살펴봄으로서 기업에 대한 인식에 보탬이 되었으면 하는 바이다.

o "독일의 50대 기업"중 절반 이상이 이미 부산일보에 29회에 걸쳐 (93. 11월부터 94년 7월까지) 본사 사진과 함께 극히 간략하게 소개되었으며, 이책에서는 이를 대폭 보완했다. 기업활동의 역사와 최근의 역점 분야가 추가되고 재무구조가 도표로 덧붙여졌다. 사진설명도 본사사진 이외에 기업을 이해하는데

도움이 되는 사진들을 새로이 열거했다.
○ 여기서는 입수 가능한 자료를 바탕으로 주로 기업사적인 측면과 최근의 경영실적 추이를 중심으로 엮었다. 추측할 수 있는 주관을 최대한 배제하고 제시 가능한 객관성에 치중하였다. 자료는 독일의 일간지, 경제주간지이외에 독일의 5대 경제연구소들인 함부르크소재 "HWWA 경제연구소"와 킬소재 "세계경제연구소"의 자료를 이용했다. 독일 "동아협회"(OAV)의 정기모임과 세미나도 간접적으로 도움이 되었으며, 함부르크 언론인 협회의 정보들도 반영되었다. 특히 93년 10월까지 3개월에 걸쳐 도와준 "HWWA 경제연구소" 자료실의 직원들, 약 50개에 달하는 독일기업들의 자료실, 조사분석실, 사진실의 자료제공 및 수차례의 서신·전화에 고마움을 느끼며, 이중 일부 기업들의 "연간 경영분석" 제공에도 감사한다. 책이되어 나오면 독일의 당해 기업들의 자료실에 존안자료로 우송할 것을 약속했다.

1994. 5월, 함부르크에서 최상훈

목 차

머리말
 1. 다임러 벤츠(DAIMLER BENZ)/***1***
 2. 폴크스봐겐(VOLKSWAGEN)/***8***
 3. 지멘스(SIEMENS)/***20***
 4. 메르세데스 벤츠(Mercedes Benz)/***28***
 5. 페바(VEBA)사/***34***
 6. 에르 페 에(RWE)사/***41***
 7. 헥스트(Hoechst)사/***46***
 8. 베 아 에스 에프(BASF)사/***52***
 9. 메트로 구럽(Metro Gruppe)/***59***
10. 바이엘(Bayer)/***63***
11. 티쎈(Thyssen)/***70***
12. 보쉬(Bosch)/***76***
13. 베엠페(BMW)/***80***
14. 루르코올레(Ruhrkohle)/***86***
15. 알디(Aldi)/***92***
16. 오펠(Opel)/***97***
17. 레페(REWE)/***103***
18. 프로이싸그(Preussag)/***106***
19. 레페 쩬트랄(REWE Zentral)/***109***
20. 만네스만(Mannesmann)/***112***
21. 피아그(VIAG)/***117***
22. 포드(Ford)사/***121***

23. 도이췌 셸(Deutsche Shell) / **124**
24. 에르 페 에-데아(RWE-DEA) / **131**
25. 메탈게젤샤프트(Metallgesellschaft) / **136**
26. 페바 욀(VEBA OEL) / **140**
27. 아스코(ASKO) / **144**
28. 엠아엔(MAN) / **148**
29. 슈틴네스(Stinnes) / **152**
30. 에데카(EDEKA Zentrale) / **156**
31. 엣소(ESSO) / **159**
32. 하니엘(Haniel & Cie) / **163**
33. 칼슈타트(Karstadt) / **167**
34. 티쎈 한델스우니온(Thyssen Handelsunion) / **171**
35. 데아 석유(DEA Mineraloel) / **177**
36. 아랄(Aral) / **180**
37. 오토 통신판매(Otto Versand) / **184**
38. 카우프호프(Kaufhof Holding) / **189**
39. 크룹(Friedr. Krupp) / **192**
40. 아우디(Audi) / **198**
41. 아이 비 엠 도이취란트(IBM Deutschland) / **203**
42. 베르텔스만(Bertelsmann) / **206**
43. 루프트한자(Deutsche Lufthansa) / **209**
44. 도이췌 베페(Deutsche BP) / **214**
45. 아에게(AEG) / **217**
46. 루르가스(Ruhrgas) / **223**
47. 데구싸(Degussa) / **229**
48. 헨켈(Henkel) / **237**
49. 크벨레(Quelle Schickedanz) / **243**
50. 게델피(Gedelfi-Gruppe) / **250**

독일의 50대 기업 ① :

다임러 벤츠(DAIMLER BENZ)

○ "다임러 벤츠"(DAIMLER BENZ)사는 1989년이래 홀딩(holding)사로서 산하의 "메르세데스 벤츠"(Mercedes Benz)사, "아에게"(AEG)사, "도이췌 에어로스패이스"(Deutsche Aerospace)사, "다임러 벤츠 인터서비시스"(Daimler Benz Interservices)사를 기획조정, 통제하고 있다. "다임러 벤츠"사는 "메르세데스 벤츠"와 "다임러 벤츠 인터서비시스"에 100% 자본참가를 하고 있으며, "도이췌 에어로스패이스"의 주식 85.3%와 "아에게" 주식의 80.2%를 소유하고 있다.

○ "다임러 벤츠"의 산업분야는 육로, 해양, 우주, 항공의 운송수단과 교통, 운송공학, 우수항공공학, 해양공학의 생산물이다. 엔진, 에너지의 생성, 이전, 이용을 위한 설비 및 장비, 전자의 기계, 설비 및 체재도 주종 분야이다. 통신공학 및 정보자료공학 생산물도 주요 생산물이다. 이에 보험, 금융, 박람회도 "다임러 벤츠"의 기업활동 분야에 속한다.

○ 이러한 독일 제1의 산업기업인 "다임러 벤츠"사의 맹아는 1882년 독일의 칸슈타트(Cannstadt)에서 고트리브 다임러(Gottlieb

Daimler)가 실습공장을 차리면서이다. 1883년에는 칼 벤츠(Karl Benz)가 개인회사로 "벤츠"(Benz & Cie, Rheinische Gasmotorenfabrik Mannheim)를 설립하여, 고트리브 다임러가 이 가스엔진공장에서 같은해 최초로 회전수가 빠른 연소엔진을 제작했다.

○ 1885년에는 고트리브 다임러가 세계 최초의 오토바이를 개발했으며, 1885/86년에 걸쳐 칼 벤츠는 실재로 사용가능하고 개발여지가 있는 "3바퀴-특허-엔진차"를 제작했다. 이어 1886년 고트리브 다임러는 최초로 실재사용 가능한 4바퀴엔진차를 개발하였으며, 1886-88년간에는 "다임러 엔진"이 모터보트, 선로차, 소방차, 비행선에 장착되었다. 90년에는 칸슈타트에 "다임러 모토렌"(Daimler-Motoren-Gesellschaft)사가 설립되었으며, 4기통 연발 엔진이 마이바하에 의하여 제작되었다.

○ 1893년 최초로 "Benz Velo"가 시리즈로 생산 되기 시작했다. 1894년엔 세계 최초의 봉고차가 나왔으며, 1896년에는 "다임러 모토렌"사에 의하여 세계 최초의 화물차가 제작되었다. 1899년 "벤츠"(Benz & Cie)사가 주식회사로 되었으며, 572대의 차를 생산하므로서 세계 최고의 자동차 생산업체가 되었다.

○ 1902년 "메르세데스"(Mercedes)가 법적으로 상표보호를 받기 시작하였으며, "다임러 모토렌"이 베를린 소재 "모토파브릭 베를린"(Motorfahrzeug-und Motorenfabrik Berlin)을 인수했다. 1907년 가게나우소재 실용차량 생산업체인 "쥐드도이췌 아우토모빌파브릭"(Süddeutsche Automobilfabrik)을 인수하고, 1909년 "다임러 모토렌"은 항공용 엔진생산을 시작했다. 오늘날 삼각별 "메르세데스"의 상표가 삼각별 이지만, 당시는 바깥원이 없는 삼각별이 등록되었다.

○ 1815-17년간 쉰델핑거에 "다임러 모토렌" 공장이 설립되고,

1923년부터 벤츠 디젤화물차가 생산되기 시작했다. 1926년 "다임러 모토렌"사와 "벤츠"사가 합병하여 "다임러 벤츠"로 명명되었으며 본사를 슈투트가르트에 두었으며, 다음해에는 비행기엔진으로 16기통 1,200마력짜리 디젤엔진을 개발했다. 1936년 최초의 승용차 디젤엔진으로 메르세데스 벤츠 260D가 선을 보였다.
○1944-45년의 폭격으로 "벤츠" 공장의 막대한 시설이 파괴되었으며, 분단으로 동독지역의 시설이 몰수됐다. 전후 첫 생산으로 45년 만하임에서 3톤짜리 화물차가, 가겐나우에서 5톤짜리 화물차가 생산되었으며, 익년 병원/의료차와 여타 실용차들이 재 생산되었으며, 47년에는 첫 승용차로 모델 170V가 생산됐다.
○1951년 아르헨에 합작회사 "메르세데스 벤츠 Argentina"가, 53년엔 "메르세데스 벤츠 do Brazil"이 설립되었다. 55년 "다임레 벤츠 of North America"를 뉴욕에, 58년 멜보른에 "메르세데스 벤츠 Australia"를 설립했다.
○1962년 푀르트공장을 설립하고 1964년부터 생산이 가동하였으며, 동년 말레이시아에 조립공장을 세웠다. 1960년대에는 남아연방, 터키, 이란에도 투자하였으며, 국내 기계제작회사들을 인수, 확장 하였으며, 섬유가공업에도 자본참가하였다.
○1970년대에는 유고, 인도네시아, 이태리, 영국, 사우디, 나이제리아에 자회사, 합작회사를 세우거나 자본 참가했으며, 미국, 남이연방에도 투자했다.
○1980년대에도 국내 자본참가 회사를 인수혹은 소유주식 매각으로 운영하면서, 스위스, 미국, 그리스, 멕시코에 투자했으며, 88년에는 일본에 "메르세데스 벤츠 Japan"을, 홍콩에 "메르세데스 벤츠 China"란 100% 자회사를 설립했다. 88년에는 "아에게"(AEG)사를 지배하므로서, 이를 계기로 89년 콘체른을 재편성했다. 자동차분야에서는 "메르세데스 벤츠"가 설립되고, 우

주·항공산업 및 방위산업은 "도이췌 에어로스패이스"가 관할하며, "아에게"에서는 자동화공학, 운송체재, 미시전자, 전자설비, 전자사용재, 사무기기, 통신공학이다. 90년 7월 1일부로 다임러 벤츠는 제4의 콘체른 축으로서 "다임러 벤츠 인터서비시스"를 설립하므로서 종합 하이테크 콘체른으로서의 결정적인 새로운 장을 열었다. 동사는 정보자료 체재, 판매금융, 리징, 보험 등 기존 세계적인 하이테크를 종합하고 여러 서비스업무를 담당하고 있다.

○ "다임러 벤츠"의 92년 연구개발(R & D)비는 전년의 90억 마르크에서 93억 마르크로 증가했다. 연구개발의 비중은 "도이췌 에어로스패이스"와 "메르세데스 벤츠"에 있으며, 전체 연구개발비에서 이들이 차지하는 비중은 각각 91년 55.4%, 35.6%이며, 92년 55.7%, 33.5%이다.

○ 기업활동을 위한 구매액은 91년 554억 마르크에서 92년 557억 마르크이며, 이중 70% 이상을 "메르세데스 벤츠"가 차지하고 있다.

○ "다임러 벤츠"의 연간 구매액 구성

(단위 : %)

	91년 (총 554억 마르크)	92년 (총 557억 마르크)
메르세데스 벤츠	70.1	73.0
아에게(AEG)	10.7	13.6
도이췌 에어로스패이스 (DASA)	14.8	11.1
다임러 벤츠 인터서비시스(debis)	4.0	1.6
다임러 벤츠	0.4	0.7

○ "다임러 벤츠"의 연간 경영실적

(단위 : 백만 마르크)

	88	89	90	91	92
자본총계	51,931	62,737	67,339	75,714	86,184
자기자본	10,819	16,411	17,270	18,845	19,115
기업이윤	1,382	1,120	1,120	1,194	703
매출고	73,495	76,392	85,500	95,010	98,549
－국내	29,094	29,562	36,674	44,443	42,572
－국외	44,401	46,830	48,826	50,567	55,977
－메르세데스 벤츠	54,896	54,969	57,872	63,317	64,849
－아에게	13,152	11,852	12,721	13,573	11,184
－도이췌 에어로스패이스	4,976	7,489	12,168	11,974	16,735
－다임러 벤츠 인터서비시스	－	－	2,739	4,146	5,781
투자	6,628	7,242	6,539	7,231	8,048
－국내	6,038	6,459	5,680	6,115	7,284
－국외	590	783	859	1,116	763
종업원(명)	338,749	368,226	376,785	379,252	376,467
－국내	268,277	298,199	303,404	305,295	302,464
－국외	70,472	70,027	73,381	73,957	74,003
－메르세데스 벤츠	－	223,219	230,974	237,442	222,482
－아에게	89,585	77,722	76,949	76,338	60,784
－도이췌 에어로스패이스	－	62,959	61,276	56,465	81,872
－다임러 벤츠 인터서비시스	－	－	4,879	6,203	8,258

	88	89	90	91	92
자재비	37,646	39,552	44,477	49,456	49,084
인건비	22,371	23,199	26,890	29,372	32,003
－종업원 1인당 연간 인건비 (마르크)	66,388	68,257	71,857	76,989	83,639

본사 : 주소 : Epplestr. 225, 70546 Stuttgart
　　　Fax : (071)－179 4080
　　　Tel : (071)－171

독일슈투라트가르트소재다임러벤츠 본사전경

다임러 벤츠(DAIMLER BENZ) 7

다임러 벤츠 본사 전경

독일의 50대 기업 ②:

폭스바겐(VOLKSWAGEN)

○ "폭스바겐"은 "다임러 벤츠"에 이어 독일에서 제2의 산업기업이다. 본사는 독일의 니더작센주의 폴프스부르크(Wolfsburg)이며, 이 도시 자체가 짧은 시일내에 "폭스바겐" 공장이 들어서면서 이로 인하여 도시가 형성되었다.
○ "폭스바겐"의 생산품은 모든 종류의 차량, 엔진을 위시하여 설비, 기계류, 공작기계 등이다. 연간 매출고는 1991년 763억 마르크 였으나 1992년 전년비 11.9% 증가하여 854억 마르크이다. 종업원수는 동 기간에 27만 7천명에서 27만 3천명으로 감소했다.
○ "폭스바겐"이 생산하는 자동차는 "VW", "Audi", "Seat", "Skoda"이며, 1992년 세계 주요자동차 시장의 경기가 침체하므로서 국제경쟁력 강화에 힘쓰고 있다. 통독으로 인하여 독일의 중고자동차값이 올라가면서 새 자동차에 대한 수요가 증가하였으나, 1992년 하반기이래 중고자동차 수요 증가에 대한 이러한 연동효과도 사라졌다. "폭스바겐"이 92년 공급한 자동차대수는 전년비 6.7% 증가하여 총 3,516,253대이나, 92년 하

반기의 침체가 93년에도 계속되고 있어 전년과 같은 매출고 증가는 힘들 것으로 본다.

○ 미국의 증가된 자동차시장과는 달리 92년 전년비 서구의 자동차시장이 줄어들었음에도 불구하고/덕분에 "폴크스봐겐"이 서구자동차시장에서 차지하는 시장점유율이 92년 전년의 16.4%에서 17.5%로 증가하여 연 8년째 최고를 유지하고 있다. 판매대수로는 2,556,929대이다. 이중 국내시판이 1,248,833대이고, 대이태리수출이 363,916대로서 물량면에서 이태리가 최고의 수출 상대국이다. 다음의 수출 상대국이 프랑스, 스페인, 영국, 벨기에의 순이다.

○ 통독이후 "폴크스봐겐"은 동독지역의 작센주와 슬로바키아의 수도 브라티스라바에 생산을 이전 하고 있다. 아시아 지역의 활동을 확장하기 위해서는 대만에 트란스포터 공장을 92년 6월에 착공 했다.

○ "폴크스봐겐"사의 역사는 2차대전 이전으로, 1938년 9월 16일 창설되었다. 대전이 시작되자 마자 동 사의 공장과 설비들이 당시의 공군성에 의하여 차압되었다. 전시에서는 주로 방위산업에서 비행기 부품생산, 비행기수리, 공군용 특수차량을 제작, 생산했다. 전쟁 말기의 폭격으로 "폴크스봐겐" 공장설비의 2/3가 파괴되었으며, "VW" 자동차를 생산하기 시작한 것은 2차대전이 완전히 끝난뒤이다. 1948년 7월 29일 본사를 베를린에서 오늘의 폴프스부르크로 옮겼다.

○ 폴프스부르크의 공장들은 특히 1948년 독일의 화폐개혁이후 급속히 재 확장되었으며, 국내시판용 모델이외에 수출용 모델이 개발, 생산되었다. 50년부터는 승용차이외에 트란스포터(소형화물차), 콤비, 봉고, 암볼란스차가 생산됐다.

○ VW승용차는 1955년 8월 1백만대 생산, 57년 12월 2백만대,

61년 12월 5백만대, 65년 9월 1천만대, 72년 2월 17일 15,007,034번째 차가 생산되므로서, 포드 T-모델의 세계 최고 생산기록을 깨었다.
○ 2차대전후 독일의 영국군 점령지하에 속해있던 "폴크스봐겐"사는 49년부터 60년까지 독일연방 정부와 니더작센주정부의 위임 경영하에 있었으나, 64년 8월 22일부로 주식회사로 되었다. 주식의 60%가 불하되었으며, 독일 연방과 니더작센주가 각 20% 소유하고 있다. 60% 불하주식의 금융과 독일연방 및 니더작센주 소유 주식의 이익배당금은 연구와 교육에 종사하는 학문과 기술발전을 위한 장려기금으로 사용되고 있다.
○ "폴크스봐겐"사는 64년 엠덴소재에 공장을 신축하여 생산설비를 확장하였으며, 65/66년에 걸쳐 동사는 잉골슈타트소재의 "Auto Union"사를 인수하고, 이는 69년 네카스울름소재의 "엔에스 우"(NSU Motorenwerk)사를 흡수했다. 66년 "다임러 벤츠"사와 합자로 하노버에 "Deutsche Automobilgesellschaft"를, 역시 같은해에 "폴크스봐겐 리징"(Volkswagen Leasing)사와, "포르쎄"사와 합자로 슈투트가르트에 "파우페-포르쎄 판매"(VW-Porsche Vertriebsgesellschaft)를 설립했다.
○ 70년에는 잘쯔기터의 제7의 공장이 가동 되었으며, "다임러 벤츠" 및 인도네시아의 파트너와 함께 각 1/3 자본참가로 자카르타에 합작회사 "P.T. German Motor Manufacturing"을 설립했다. 72년 유고에, 73년 나이제리아에 각 조립공장을 세웠다. 76년 호주 멜버른소재 "Moto Producers"사에의 참가 자본을 "닛산 자동차"(Nissan Motor Company)에 팔고, 미국 Forest Hills에 "Volkswagen Manufacturing Corporation of America"를 세웠다. 78년엔 미국의 Westmoreland소재 공장이 가동되었으며, VW와 Audi의 국내시판이 통합되어 "V.A.G"사가 됐다. 79

년 독일의 사무기기 생산업체인 "트리움프-아드러"(Triumph-Adller)사의 주식 53.8%와 브라질에 있는 "Chrysler Motor do Brasil"사의 주식 66.7%를 인수했다.

○ 80년엔 "트리움프-아드러" 소유주식을 98.4%로 높이고, 아르헨의 "Chrysler Fevre Argentina"사를 인수하여 "Volkswagen Argentina"로 명의 변경했다. 81년 마드리드에 "V.A.G España"를 설립하고, 파리에는 "M.A.N"(Maschinenfabrik Augusburg Nürnberg)와 합자로 "MAN-VW Comions"를 설립했다. 82년 스페인의 자동차 생산업체인 "Seat"와 기술, 특허 협력체결했다. 84년 중국 상해소재의 "Shanghai Tractor and Automobil Corporation", "Bank of China", "Unina National Corporation"과 합자로 상해에 "Shanghai Volkswagen Automotive Company"를 설립했다. 86년 "트리움프-아드러"의 전체 소유주식을 암스테르담의 "Olivetti"사에 인도했다. 88년 EC의 렌트카 활성화를 위하여 "Inter Rent"사와 "Europcar"를 합병하여 "Europcar International"로 상호 변경했다. 장춘의 "First Automobile Works"에서 "Audi 100" 모델의 특허 생산을 시작했다. 폴크스봐겐주식이 88년부터 파리, 런던, 동경의 주식시장에 상장되었다.

○ 89년에는 양독사이의 경계선이 개방되므로서 폴크스봐겐이 심화시켜왔던 대 동독지역 기업활동을 확장할 수 있었다. 동독지역에서의 VW생산을 위하여 동 지역에 "Volkswagen-IFA-PKW"가 설립됐다. 90년 부터는 동독지역에서 VW가 조립되기 시작했으며, 90년 7월부터는 켐니츠(구 칼 마르크스 슈타트)에서 매일 850개의 VW엔진이 생산되었다. 91년에는 슬로바키아의 "BAZ"사와 93년부터 연간 30,000대의 VW를 슬로바키아에서 조립하기로 합의 함으로서, 독일에서의 인건비로 인한 생산이전과 인접국 슬로바키아의 동독지역보다 훨씬 낮은

저임금을 보여주었다. 포드와 공동개발한 대형리무진을 생산하기 위하여 91년 7월 양사 합작으로 폴튜갈에 공장을 착공했다.
○ "폴크스봐겐"사의 자동차가 독일내에서 차지하는 시장점유율은 92년 29.3%이며, 세계자동차 생산의 7%(92년)남짓을 차지하고 있다. 주요생산공장은 서독지역의 폴프스부르크, 하노버, 브라운슈바이커, 캇셀, 엠덴, 잘쯔기터에 소재하며, 지역별 노동분업이 되어있다. 차체생산, 승용차 조립은 폴프스부르크에서, 트란스포터, 화물차는 하노버, 자동차뒷축, 핸들, 브레이커, 공작기계는 브라운슈바이커, 기아생산, VW 및 Audi의 세계적 부품판매는 캇셀이며, 엠덴에서는 VW조립, 잘쯔기터에서는 엔진생산을 하고있다.
○ "폴크스봐겐"사의 연간 경영실적

(단위 : 백만마르크)

	88	89	90	91	92
매출고	59,221	65,352	68,061	76,315	85,403
－국내	22,653	23,682	26,929	36,360	39,508
－국외	36,568	41,670	41,132	39,955	45,895
종업원(천명)	252	251	261	277	273
－국내	165	161	166	167	164
－국외	87	90	95	110	109
투자	4,251	5,606	5,372	9,910	9,254
－국내	3,546	4,477	2,016	6,311	4,853
－국외	705	1,129	2,356	3,599	4,401
자본총계	50,294	56,871	62,713	70,090	75,284
자기자본		14,936	16,588	18,145	18,139
기업이윤	780	1,038	1,086	1,114	147

○ 폴크스봐겐사의 자동차 생산추이

	91	92
VW	1,567,086	1,657,682
Audi	450,319	492,085
Seat	552,210	578,432
Skoda	109,686	200,059
해외생산	550,410	574,108

본사 : 주소 : Postfach, 38436 Wolfsburg
　　　 Fax : (05361) - 9148
　　　 Tel : (05361) - 90

14 독일의 50대 기업

폴크스봐겐 본사

폭스바겐 (VOLKSWAGEN) **15**

폭스바겐 공장(폴프스부르크 소재)

폭스바겐 공장(폴프스부르크 소재)

16 독일의 50대 기업

폴크스봐겐의 차체제작

폴크스봐겐 (VOLKSWAGEN) **17**

생산완공검사 받는 폴크스봐겐

폴크스봐겐의 자동 바퀴조립 광경

폴크스봐겐의 압연작업

폴크스봐겐 (VOLKSWAGEN)

폴크스봐겐의 차체 칠작업

폴크스봐겐의 생산완공 검사광경

독일의 50대 기업 ③ :

지멘스(SIEMENS)

○ 독일의 뮌헨에 본사를 두고있는 "지멘스"(SIEMENS)사는 독일 전자공업분야에서 가장 전통있는 굴지의 기업이다. 동 분야의 연간 매출고는 2조 6천억마르크에 연 성장율이 6%로서 세계적으로 가장 신장율이 높고 동시에 역동적인 산업분야의 하나이다.

○ "지멘스"사의 1991/92(91. 10. 1 – 92. 9. 30) 연간 매출고는 785억 마르크로서 전년비 8% 증가했다. 생산 주문액은 전년의 822억 마르크에서 1991/92년 854억 마르크로 증가했다. 전체 종업원수는 동 기간에 40만 2천명에서 41만 3천명으로 늘었다. "지멘스"사의 장점은 무엇보다도 폭넓은 생산품목으로서 통신공학, 에너지공학, 의료공학, 설비의 부품에서 도로교통공학, 자동차 전기공학에 까지 긍한다. 판매 시장은 세계시장으로서, "지멘스"사의 기업활동의 75%가 서구이며, 미국은 10%를 차지하고, 여타 세계 전역에서 활동한다. 1993년 현재 "지멘스"사는 세계 150여 개국에서 완제품 및 반제품을 공급하며 기업활동을 위한 구매를 한다.

○ "지멘스"사는 고객에게 최고의 사용과 최고의 품질을 보장하는 제품과 서비스를 제공하는 것이 기업의 지고의 목표이기 때문에 당해분야에서 최고의 기술수준을 유지하기 위해 끊임없이 노력한다. 기업의 능율과 경쟁력을 확보, 제고하기 위하여 미래에 대한 투자를 하며, 1991/92년 연구개발(R & D)비는 85억 마르크이며, 실물투자 또한 55억 마르크이다.

○ 1992년 현재 41만 3천명 종업원중 16만명이 해외에 있으며, 이중 미국의 종업원수가 3만 5천명이다.

○ 기업의 경쟁력, 성장율, 기술수준이 높고 재무구조가 탄탄하고 이에 또한 높은 이익율로 "지멘스" 주식소유의 수가 1993년 약 58만명에 육박하여, 유럽에서 대중 주식참가기업의 하나로 되었다.

○ 이러한 "지멘스"사의 창업은 약 150년전 베를린으로 거슬러 올라간다. 새로운 전자석 전신이 개발됨으로서 1847년 10월 1일 베를린에서 문을연 "Telegraphen Bau–Anstalt Siemens & Halske"가 그 효시이다. 이 전자석 전신이 오늘날 텔렉스, 팩시밀리와 같은 "원거리쓰기"의 전신으로서 통신공학, 신호공학의 기초를 마련했다. 이들은 아직까지도 "지멘스"사의 핵심분야이다. 1855년에 "지멘스"사는 러시아에 현지법인을 설립했으며, 1858년에는 영국에도 현지법인을 세웠다. 1879년 오지리에 해외지점(외국시점)을 설립했다. 노한 1866년에는 베르너 폰 "지멘스"(Werner von Siemens)가 전기의 생성, 분리, 이용에 대한 에너지 공학에 대한 공헌을 하므로서, 오늘날 "지멘스"사의 기업활동의 또 하나의 주종인 에너지공학을 더하였다.

○ "지멘스"사는 1870년 "Indo–Europäische Telegrafenlinie"를 설치하였으며, 이는 런던과 칼컷터의 11,000km를 연결하는 것으로, 1931년 완성되었다.

○ "지멘스"사는 창설이후 1890년 합자회사로 되었고, 1897년에는 현재와 같은 주식회사로 변천했다. "지멘스"사는 통신공학, 에너지공학이 주종으로서, 나중의 발전은 독일의 산업화와 더불어 이루어졌으며 특히 전자공학의 응용이 큰 기여를 하였다.

○ "지멘스"사는 의료공학분야에도 공헌을 하여, 1896년에는 독일에서 처음으로 뢴트겐관을 특허얻어 의료공학에 보급하였다. 1902년에는 잡음을 제거하는 전선이 나왔으며, 1908년엔 독일에서 처음으로 전화체재에 자동교환기가 또한 "지멘스"사에 의하여 생산되었다. 역시 같은해인 1908년 금속섬유 필라멘트 전구가 상품화 단계에 이르렀다. 기술개발로 기업은 번창해 나갔으며, 베를린 서북쪽에 위치한 "지멘스" 공장 건물이 확장됨으로서 1913년에는 "지멘스 슈탓트"("지멘스"도시)란 이름을 얻어 본사가 되었다.

○ 세계 1차대전으로 "지멘스"사는 기업활동이 극도로 위축되었을 뿐만 아니라, 대부분의 해외자산을 상실하였으며, 특히 영국, 러시아 소재 "지멘스"사 자산을 전부 잃었다. 그러나 일본, 러시아, 아일랜드의 새로운 시장이 대전중 잃은 손실을 메꿔주었다.

○ 1919년 "지멘스"사는 "아에게"(AEG)사, "아우어"(Auer)사와 합자로 "오스람"(Osram)사를 설립했다. 동 "오스람"사에는 상기 3사의 전구생산공장들이 연합하여 독일 굴지의 전구생산업체가 되었다. "지멘스"사는 1925년 의료기기 생산업체인 에어랑겐 소재의 "라이니거"(Reiniger Gebbert & Schall)사에 자본참가하여, 1932년에는 완전 흡수하여 "지멘스"-라이니거"(Siemens-Reiniger-Werk AG)사로 상호변경 했다.

○ 세계 2차대전으로 인한 피해는 막대했다. "지멘스"사의 공장들, 해외지사, 자본참가기업들이 파괴되었으며, 잔존 공장들도

1945년 이후 대부분이 해체되었다. 동독지역의 모든 공장들과 회사들이 상실되었으며, 또한 해외에 소재했던 "지멘스"사의 특허와 재산들을 잃었다. 대전후 "지멘스"사는 전전의 재산의 단지 20%만이 소유했다. 2차대전 직후 "지멘스"사는 뮌헨소재 "지멘스"사와 에어랑겐소재 "지멘스"사로 기업운영이 분리되어 본부는 뮌헨에 소재한다.

○ 서독소재 "지멘스"사의 지점들이 독일의 1948년 화폐개혁이후 오늘날의 "지멘스"사의 기반을 형성하는데 주역을 하므로서, 베를린소재 공장들이 판로를 확장할 수 있었다. 동서 베를린이 분단된 1948/49년 이후 "지멘스 슈타트"에 투자가 집중되었으며, "지멘스 슈타트"는 전과같이 "지멘스"사 제조업의 중추이다.

○ 1955년에는 국제전화를 통화자가 직접 연결하는 전화기 체재가 나왔다. 동년 "지멘스"사는 또한 정보처리산업에 대한 설비를 개발 생산하였으며, 오늘날 독일 동 산업에서 "지멘스"사가 차지하는 시장 점유율은 20%이다. "지멘스"사는 특히 안전을 요하는 원자력 발전소 건설도 시작했다. 1969년 "지멘스"사는 "아에게"(AEG)사와 합자로 발전소 건설 분야에 "크랖트베르크 우니온"(Kraftwerk Union AG)사와 변전설비 분야에 "트란스포마토렌 우니온"(Transformatoren Union)을 설립했다. 1976년 "지멘스"사는 "크랖트베르그 우니온"사에 대한 "아에게" 소유의 전 주식과 "트란스포마토렌 우니온"에 대한 "아에게" 소유 주식의 절반을 인수하였으며, 나머지 절반의 주식은 1987년 인수하므로서 양대 합자회사들이 1987/88회계 연도에 완전히 "지멘스"사에 흡수되었다.

○ "지멘스"사는 1989년 영국의 "General Electric Company" (GEC)사와 공동으로 "Plessey Company"를 인수하므로서 대

영국 진출을 확대했다. 프랑스의 정보처리공학의 중소기업인 "IN2"사 주식의 절반 이상을 매입하여 프랑스에서의 위치도 넓혔다. "지멘스"사 또한 전화기 설비분야에서 "IBM"(International Business Machines Corporation)사와 협력하고 있다. 부품 생산을 위해서 합작회사인 "Siemens Matsushita Components"사를 설립했다.

○ 1990년엔 "지멘스"사는 "Nixdorf Computer"사의 주식 절반이 상을 인수하여 "Siemens Nixdorf Informationssystem"사로 명의 변경되었으며, 1991/92회계연도에는 "Siemens Nixdorf Informationssystem"사 주식의 95%를 "지멘스"사가 소유하고 있다. 1990/91회계연도 "지멘스"사가 인수한 기업의 수는 11개이다. 1991/92년도에는 특히 동독지역기업의 인수가 이루어졌으며, 동지역 소재 "Rolm Company"사가 "IBM"사에서 "지멘스"사에 흡수되었다.

○ "지멘스"사는 종업원들의 자질향상을 위해 1991/92년 12억 마르크를 투자했으며, 이중 4억 5천만 마르크가 기초 직업교육을 위한 투자이다. 경영, 기술분야의 기초 직업교육을 받거나 실습 중에 있는 피교육자의 수가 16,000명이며, 이중 동독지역이 1,200명이고 해외가 2,000명이다.

○ "지멘스"사의 인건비는 1991/92년 전년의 318억 마르크에서 6% 증가하여 339억 마르크이다. 모 회사인 "지멘스 AG"사의 경우 인건비의 16%가 기업 임의에 의한 사회부대 비용으로서, 현재 98,000명에 달하는 퇴직자와 유가족의 노후보조비, 교육비, 건강보조비, "지멘스"사 주식의 대 종업원 우대 매매 등이다.

○ "지멘스"사의 매출고 및 종업원 변천 추이

년도	매출고	종업원
1848	10,000마르크	18명
1870	1,543,000	380
1897	50,193,000	8,733
1913[1]	403백만마르크	63천명
1928	797	123
1936	790	127
1946	227	60
1950	700	81
1955[2]	2,406	156
1960	4,063	209
1965	7,179	257
1970[3]	11,763	301
1975	18,907	296
1980	31,960	344
1983[4]	39,471	305
1985	45,819	310
1990	63,185	373
1991	73,008	402
1992	78,509	413

상기 도표 주 : 1) 1913년 이후 매출고 백만 마르크 (1928, 36, 46년도는 "라이히스 마르크"), 종업원 천명.
2) 1955년 이후 해외 법인 (현지 법인) 포함.
3) 1968년 이후 매출고는 부가가치세가 제외된 수치.
4) 1983년 이후 종업원수는 기초직업교육자, 실습생 제외.

○ "지멘스"사의 연간 경영실적(전년 10월 1일 – 익년 9월 30일)

(단위 : 백만 마르크)

	88년	89	90	91	92
자본총계	59,617	64,396	64,450	69,468	71,800
자기자본	17,634	18,554	17,557	18,649	20,341
기업이윤	1,391	1,577	1,668	1,792	1,955
	87/88년	88/89	89/90	90/91	91/92
매출고	54,741	62,869	67,744	82,166	85,409
－국내	24,294	27,531	28,432	36,746	40,174
－국외	30,447	35,338	39,312	45,420	45,235
	87/88년	88/89	89/90	90/91	91/92
투자	5,210	7,872	7,066	5,595	8,574
－국내	2,846	2,697	3,882	3,332	5,861
－국외	2,264	5,175	3,184	2,263	2,713

본사 : 주소 : Wittelsbacherplatz 2, 80333 München
　　　Fax : (089) – 234 4242
　　　Tel : (089) – 234 0

지멘스 (SIEMENS) **27**

독일 전신산업의 대부 지멘스 본사 전경

독일의 50대 기업 ④ :

메르세데스 벤츠(Mercedes Benz)

○ "메르세데스 벤츠"(Mercedes Benz)사는 "다임러 벤츠"사가 100% 자본참가하여 1988년 12월 12일에 유한회사로 설립하여 89년 5월 30일 주식회사로 전환했다. 유환회사로 설립시 자본금이 1천만 마르크 였으나, 주식회사가 되면서 자본금이 18억 마르크로 늘었다.
○ "메르세데스 벤츠"사의 기업활동 분야는 "다임러 벤츠"사의 자동차분야를 계속 유지하며, 자동차의 개발, 생산, 판매와 엔진의 생산이다. 연관기계 설비, 기술체재, 기술절차, 기계장비, 여타 산업 생산물도 "메르세데스 벤츠"의 기업활동 분야이다.
○ 본사는 슈투트가르트에 소재하며, 생산공장은 지역적으로 전문화되어 흩어져있다. 승용차의 경우, 진델핑겐에 차체와 조립공장이 있고, 운터튀르크하임에 엔진, 차바퀴 축, 기아공장이 브레멘에 또한 차체와 조립공장이, 베를린에 엔진부품공장이 함부르크에 여타 부품공장이, 그리고 바트 홈부르크에 엔진부품공장이 있다.
○ 화물차 여타 상업용차량의 경우는, 만하임에 자동차 엔진 및

산업용 엔진 생산, 차체와 조립공장, 주물, 승용차용 섬유품생
산공장이 있고, 쾨르트에 조립공장, 자동차용 합성수지 부품생
산공장이, 가겐나우에 차체와 조립공장, 기아생산을, 뒤셀도르
프에 차체와 조립공장, 핸들생산을, 캇셀에 차축생산, 승용차
엔진 부품을 생산하고 있다.
○ "메르세데스 벤츠"사는 유럽, 북미, 라틴아메리카, 남아연방, 터
키, 일본, 호주 등에 생산공장 및 판매 회사를 가지고 있다.
○ "메르세데스 벤츠"사의 주요해외 생산공장 및 판매회사

(단위 : 백만 마르크)

회사명(소재지)	자기자본	매출고 (92년)	기업이윤 (92년)	종업원 (92년말)
메르세데스 벤츠 에스파냐(마드리드)	315	1,814	21.0	3,255
다임러 벤츠 UK(런던)	274	–	24.6	6
메르세데스 벤츠 (밀턴 케인즈)	–	2,057	–	1,026
메르세데스 벤츠 네델란드(우트레헥트)	–	1,168	–	665
메르세데스 벤츠 벨지움(부뤼셀)	129	1,080	42.7	925
메르세데스 벤츠 프랑스(Rocquencourt)	–	2,789	–	2,093
메르세데스 벤츠 이태리(로마)	321	2,927	–27.5	779
다임러 벤츠 노드 아메리카(뉴욕)	3,526	–	137.4	17
프라트라이너(포트란드)	–	3,510	–	6,247

메르세데스 벤츠 노드아메리카(몬트베일)	—	5,136	—	1,610
메르세데스 벤츠 멕시코(멕시코시티)	261	733	58.0	1,524
메르세데스 벤츠 브라질(사우 베르난도 도 깜뽀) 소풍헤(사우 파울로)	991 37	2,676 66	−81.2 −1.0	20,109 1,896
메르세데스 벤츠 아르헨티나 (부에노스 아이레스)	185	483	21.8	2,481
메르세데스 벤츠 사우드 아프리카 (푸에토리코)	185	1,274	0.2	3,978
메르세데스 벤츠 터키(이스탄불)	59	612	4.7	2,998
메르세데스 벤츠 재팬(도쿄)	241	2,735	26.7	433
메르세데스 벤츠 오스트랄리아 (멀그레이브/멜보른)	79	472	0.7	714

○ "메르세데스 벤츠"사의 연간 경영 실적

(단위 : 백만 마르크)

	89	90	91	92
매출고	56,367	59,815	67,104	66,480
−승용차	32,887	35,527	39,513	
−기타 차량	23,480	24,288	27,591	

－국내	20,335	24,276	30,754	29,199
－EC(독일제외)	12,585	12,702	12,839	12,348
－기타유럽	2,900	3,587	3,315	
－북미	10,025	9,384	8,472	
－아시아	3,702	4,316	5,396	
－아프리카	2,512	1,940	2,129	
－오스트랄리아	748	585	406	
－라틴아메리카	3,560	3,022	3,793	
생산대수(대)				
－승용차	542,160	574,227	577,990	529,428
－기타차량	260,956	258,947	295,794	277,346
국내생산 :	160,853	168,825	188,589	164,559
해외생산 :	100,103	90,121	107,205	112,787
기업이윤	1,492	1,545	1,548	849
투자	－	3,767	4,273	4,426
연구개발비	－	3,083	3,207	3,119
종업원	223,219	230,974	237,442	222,482
－국내	173,510	179,120	185,154	170,137
－해외	49,709	51,854	52,288	52,345

○ 유럽주요 생산국별 승용차 생산 추이

(단위 : 천대)

	1983	90	91	92
세계총생산	30,324	36,761	35,312	35,375
독일				
－수출	2,189	2,697	2,198	2,570
－생산	3,878	4,813	4,677	4,864
메르세데스 벤츠	476	574	578	529

한국				
－수출	16	340	379	438
－생산	122	987	1,158	1,293
프랑스				
－수출	1,614	1,882	1,996	2,080
－생산	2,961	3,295	3,188	3,379
영국				
－수출	371	393	595	455
－생산	1,045	1,296	1,237	1,292
이태리				
－수출	450	743	639	578
－생산	1,396	1,875	1,633	1,525
스페인				
－수출	640	1,074	1,167	1,274
－생산	1,142	1,682	1,774	1,791
CIS생산	1,300	1,250	1,130	950

○ 유럽 주요 생산국별 화물차 생산 추이

(단위 : 천대)

	1983	90	91	92
서구	301	323	332	299
－메르세데스 벤츠	85	88	100	91
독일	111	149	144	132
－메르세데스 벤츠	85	88	100	89
프랑스	35	33	32	29
영국	54	28	25	23
이태리	24	29	32	30
스페인	14	11	9	8

일본	185	346	323	278
중국	130	198	233	240
미국	168	213	170	210

주) 한국생산 없음

○ 유럽 주요생산국별 여타 상업용 차량 생산 추이

(단위 : 천대)

	1983	90	91	92
서구	1,317	1,865	1,696	1,702
－메르세데스 벤츠	157	192	217	194
독일	277	350	358	330
프랑스	375	474	423	445
영국	245	272	219	248
이태리	180	247	245	216
스페인	147	372	307	331
한국	99	333	337	426
일본	3,960	3,538	3,492	3,120
중국	180	380	528	530
미국	2,441	3,720	3,372	4,013

본사 : 주소 : Mercedesstraße 136, 70327 Stuttgart
　　　Fax : (0711)－172 2244
　　　Tel : (0711)－170

독일의 50대 기업 ⑤ :

페바(VEBA)사

○ "페바"(VEBA)사는 전력회사 "프로이쎈 엘렉트라"사와 "페바 욀"사 및 "페바 크랖트베르케 루르"사에 100% 자본참가 하며, "휠스"사에 99.6%, "슈틴네스"사에 99.7%, "페바 포오넨"사에 99.9% 자본 참가한 독일의 5대 산업기업이다. "페바"란 회사명은, 베를린의 국립전력회사와 광산, 루르지방의 국립광산들이 통합한 "페르아이니그테 엘렉트리지태트스 운트 베르그벨크스 주식회사"(Vereinigte Elektrizitäts- und Bergwerks-Aktiengesellschaft)라 VEBA로 줄여서 정식 명칭이 된 것이다.

○ "페바"사의 92년 매출고는 전년의 595억 마르크에서 크게 증가한 654억 마르크로서, 주요업종은 전력, 전력설비, 광산, 주물, 석유, 화학설비, 해운업, 유통업으로서, 현재의 본사는 뒤셀도르프에 있다.

○ 이러한 "페바"사의 모 기업이 처음 설립된 것은 1929년이다. 베를린의 "프로시아 전력회사", "광산·주물회사"와 루르지방의 "레클링하우젠 광산회사", "히베르니아 광산회사"가 통합되

어 창설된 것이다. 대전후 49년 본사가 베를린에서 함부르크로 이전했으며, 61년 본으로, 66년 루르지방의 헤르네로, 70년 오늘의 뒤셀도르프로 옮겼다.

○ 1965년 "페바"사의 국유 주식일부가 불하되었으며, 이로써 "슈틴네스"사에 자본참가 하였다. 70년 "페바"로의 명의 변경과 뒤셀도르프에로의 본사이전을 계기로 기업구조와 산하기업 명칭이 바뀌었다.

○ 1970년대에는 "슈틴네스"사를 위시하여 타 기업에 자본참가를 확대 했으며, 석유와 천연가스의 개발에도 집중하였다.

○ 1981년 "휠스"사를 인수하고, 92년 "페바 크랖트베르케 루르"사를 완전 흡수하였다.

○ 1993년 현재 "페바"사는 홀딩회사로서, 에너지, 석유, 화학, 유통업, 교통, 운송에서 활동하며, 총 종업원수는 13만명을 상회한다(93년 현재).

○ "페바"사의 연간 영업실적 추이

(단위 : 백만 마르크)

	88	89	90	91	92
매출고	44,391	49,208	54,591	59,505	65,419
―국내	31,548	34,814	38,893		
―해외	12,843	14,394	15,698		
기업이윤	1,188	1,340	1,209	1,223	1,043
투자	3,385	3,475	4,312	4,913	4,621
자본총계				48,220	52,268
자기자본				15,097	15,700
종업원수(명)	85,715	94,514	106,877	116,979	129,802

○ "페바"사의 기업활동 분야별 비중, 1992년

(단위 : 백만마르크)

	전력	화학	석유	유통업 교통· 운송업 서비스업	홀딩	총계
매출고	11,925	10,180	13,404	29,910	—	65,419
종업원(명)	20,956	39,944	6,666	61,985	251	129,802

본사 : 주소 : Postfach 30 10 51, Düsseldorf
  Fax : (0211)-457 9501
  Tel : (0211)-457 91

독일 전력, 광산분야 최고의 권위인 페바 본사

페바 사장 울리히 하르트만

페바 발전소(켈젠 킬헨 소재)

페바의 원자력발전소(브르크도르프 소재)

페바사의 화학 공장

페바사의 임대주택

독일의 50대 기업 ⑥ :

에르 페 에(RWE)사

○ "에르 페 에"(RWE)사는 주종이 에너지, 채광, 원료, 석유, 화학, 폐물처리, 기계공업, 설비, 장비공업, 건설 등으로서 1990/91년(90. 7. 1-91. 6. 30) 연간 매출액이 499억 마르크인 독일의 6대 기업이다.

○ 1898년 루르지방의 엣센에서 창업한 "에르 페 에"사는 독일의 에너지 분야에서 굴지의 기업이 되었을 뿐 아니라, 공급분야 이외에 까지 기업의 활동 영역을 넓혔다. 1990년 부터 "에르 페 에"는 구럽을 기획·관리하는 홀딩사로 활동하며, 산하기업들은 독립되어 운영되고 있다. "에르 페 에"사의 책임과 권한은 포괄적인 콘체른의 목표를 설정하고, 콘체른의 지속발전과 기업 결산을 통제하며, 재원의 효과적인 분배와 기업간 연구개발의 조정이다.

○ 주종분야중 전기, 가스, 열에너지, 상수도 공급은 엣센소재의 "에르 페 에 에너지"(RWE Energie)사가 맡고 있으며, 채광과 원료 분야는 쾰른소재의 "라인브라운"(Rheinbraun AG)사에 속한다. 석유·화학에 대한 기업활동은 함부르크소재 "에르 페

에-데아"(RWE-DEA)사가 하고, 엣센소재의 "에르 페 에 폐물처리"(RWE Entsorgung AG)사는 폐물 경제를 맡고 있다. 기계공업, 설비, 장비분야는 프랑크푸르트소재 "라마이어"(Lahmeyer AG)사와 "하이델베르크 인쇄기계"(Heidelberger Druckmaschinen)사를 자회사로 가지고 있는 "라인엘렉트라"(Rheinelektra AG)사가 활동하며, 엣센소재의 "호흐티프"(Hochtief AG)사는 건설업에 종사하고 있다.

○ "에르 페 에"사의 주종분야별 연간 매출고

(단위 : 백만마르크)

	1989/90	1990/91	1991/92
매출고	44,235	49,891	51,737
-에너지	18,825	18,613	18,710
-채광, 원료	932	1,542	1,685
-석유, 화학	15,889	20,209	21,406
-폐물처리	106	442	589
-기계, 설비, 장비	5,648	5,831	5,668
-건설	2,812	3,224	3,639
-기타	23	30	40

○ "에르 페 에"사의 모기업은 1898년 엣센시와의 설립계약에 의하여 "라마이어 전력"(Elektrizitäts-AG vom W. Lahmeyer & Cie) 회사가 마인강 지방의 프랑크푸르트에 설립되면서이다.
○ 다음해인 1899년에는 엣센에 최초의 회사 발전소가 설립되었으며, 지방자치 단체소유의 주식이 늘어나고 감사역의 지역적 안배가 확장됨으로서 전력공급이 광역화하였으며, 독일의 산업이 지속 성장하므로서 루르지방의 광산, 주물공장, 제철소 등이 또한 주요거대 고객이였다. 에너지 생산의 기반이 인근에서 생

산되는 갈탄이였으므로, 1920년대까지 루르지방과 라인지방의 갈탄을 이용했다.
○ 1929년부터는 공업지역인 루르지방과 라인지방의 늘어나는 수요를 감당하기 위하여 "에르 페 에"사는 에너지수요는 적지만 수력을 충분히 이용할 수 있는 남부독일과 알프스지방을 기업활동에 끌어들였다.
○ 나아가 "에르 페 에"사는 이러한 지역간 에너지 수급의 차이를 이용한 지역간 "결합경제"를 여타 지역에도 확대하므로서 "대단위 결합경제"가 출현했다.
○ 근래에 와서는 "에르 페 에"사는 갈탄의 수요를 확보하기 위해서 "라인니세 갈탄광산"(Rheinische Braukohlenwerke AG)에 자본참가 하는 한편, 70년대에는 비브리스(Biblis)에 원자력 발전소를 설립하여 가동시켰다. 또한 독일의 전력업계는 독일의 갈탄광산업계와 갈탄의 전력화에 대하여 정기계약이 체결되어 있다.
○ 독일의 갈탄사용 대형 발전소는 쾰른-앗헨지역에 집중되어 있어 고압 전력 송전체재가 도입되었으며, 이의 시초가 1957년 쾰른에서 슈투트가르트까지의 380볼트 송전체재이다. 이로서 전력의 자유이동이 순조로워 결합경제 파트너에 송전이 용이하게 되었으며, 남부독일과 오지리 및 스위스에의 송전이 가능하게 됐다. 380볼트의 송전체재가 확장되면서, 서구의 결합체재에 공헌했으며, 고도의 신빙성 있는 전력공급을 수행할 수 있게 됐다. 전력의 대량수요에 380볼트체재가 충당되면서, 220볼트, 110볼트체재는 짐을 들어 오늘날 주로 지방의 송전이나 대기업 및 중소 송전회사들이 사용하고 있다.
○ 독일의 에너지 출처별 에너지 소비비중, 1991/92
  -수출입 포함 국내소비-

(단위 : %)

	서독지역	동독지역
유류에너지	40.7	28.1
원자력에너지	12.5	—
천연가스	17.9	11.0
석탄	18.3	3.8
갈탄	8.1	57.9
기타	2.5	0.8

○ "에르 페 에"사의 에너지 출처별 에너지 생산비중, 1991/92

(단위 : %)

갈탄	50.6
원자력	22.4
석탄	20.1
수력	4.0
천연가스	2.4
기타	0.5

○ "에르 페 에"사의 연간 경영실적

(단위 : 백만마르크)

	1989/90	1990/91	1991/92
종업원(명)	97,596	102,190	105,572
인건비	8,009	8,694	9,777
자본총계	48,951	52,478	54,233
자기자본	13,227	12,828	11,764
기업이윤	1,186	1,145	1,047
투자	4,140	4,632	6,322

본사 : 주소 : Kruppstraße 5, 45128 Essen
　　　Fax : (0201) − 185 5199
　　　Tel : (0201) − 1850

에르 페 에사의 원자력발전소
(뮐하임-캐르리히 소재)

에르 페 에사의 풍력에너지 시설

에르 페 에사 본사

독일의 50대 기업 ⑦ :

헥스트(Hoechst)사

○ "헥스트"(Hoechst)사는 1992년 매출고가 전년의 472억 마르크에서 459억 마르크로 감소했다. 주종분야는 화학제품, 염료를 위시하여, 화학사, 화학사 반제품, 합성수지, 왁스, 공업용합성수지, 의약품, 화장품, 공업용가스, 용접공학, 공업용캐라믹, 설비, 자료처리공학, 농업이다. 본사는 프랑크푸르트에 소재하며, 프랑크푸르트시의 헥스트구에 있는 모 공장이외에 13개의 생산공장과 수많은 자본참가 회사를 가지고 있다. 93년 현재 "헥스트"사의 자본참가 비율이 50% 이상인 자본참가 회사의 수는 244개사로서, 이중 220개사가 외국회사이다. "헥스트"사는 독일에서 세계 전역 170개의 나라에 제품을 수출하고 있으며, 65개국에서는 현지에서 헥스트제품이 생산되고 있다.

○ "헥스트"사는 긴 역사를 가진 기업의 하나로서, 최초의 모 기업은 1863년 "마이스터 루시우스"(Meister Lucius & Co.)사이다. 1867년 상호가 "마이스터 루시우스/브뤼닝"으로 변경되면서 합성 Alizarine을 생산하기 시작했다. 1880년 주식회사가 되면서 다시 상호가 "마이스터 루시우스/브뤼닝 염료공장"으로

바뀌었으며, 합성 해열제인 antipyrine를 1883년에 생산했으며, 1890년에는 염화알카리 electrolysis를 처음 생산했다. 1894년엔 베링(Behring)에 의해서 발명·개발된 디프테리아 serum을 상품화 했다. 1897년 진통해열제 Pyramidon을 생산하며, 염료 indigo를 제품화 했다.

○ 1902년 아우그스부르크 소재 게르스트호펜공장이 가동되기 시작했으며, 1904년 최초의 합성 호르몬제인 Supraenine을 개발했다. 1900년대에 인근의 3개 화학공장들을 인수했다.

○ 1911년 오스트발트에 의하여 암모니아 연소를 통한 salpetre산 생산을 위한 방법이 개발되었다. 1912년 두덴에 의하여 아세칠린화학의 길이 열리고, 1913년 클랄테가 Polyvinylacetate를 발명했다. 1917년 "크나프자크 질소비료" 공장을 인수하므로서, "헥스트"와 "크나프자크"에서 초산과 아세톤이 생산되었다.

○ 1925년 "헥스트"사와 여타 독일의 5대 화학공장들이 결합하여 주식회사 "이게 파르벤인두스리"(IG Farbenindustrie)를 형성했으며, "헥스트"사는 중부 라인강 화학공장인 "게르스트호펜", "크나프자크", "그리스하임", "베링벨크"의 경영을 떠맡았다. ["IG Farbenindustrie", ("산업노조 염료공업"이란 뜻임)가 힛틀러 시대에 독가스 개발로 악명 높음]

○ 1928년 인슐린이, 1939년 Dolantine이 "헥스트"에서 개발되었다.

○ 1945년 대전후 "이게 파르벤인두스트리"의 공상들이 차압되어 연합군의 통제하에 놓였다. 1949년 Polamidon이, 50년 페니실린이 "헥스트"에서 개발됐다. 1951년 "이게 파르벤인두스트리"가 해체되면서, "헥스트"가 이의 후신으로 자본금 10만 마르크로 "염료공장 헥스트 구 마이스터 루시우스/브뢴닝"사를 설립했다. 1952년 복합비료가 생산되었으며, Streptomycine이 개발되었다. 53년 연합군 통제가 해제되고, "크나프자크" 공장에서

인산염 생산이 시작되었으며, "베링벨크"에서는 천연두 면역을 위해 BCG분말이 생산되었다.
○ 1954년 섬유사 공장 "보빙겐"(Bobingen)사를 인수하고, 55년 폴리에스터사를 생산하고 Hostacycline을 개발했다. 56년 "헥스트"사의 석유분해공장이 가동되고, 당뇨병 복용약 rastinon이 개발됐다. 58년 polio면역제료 virelon이, 광역항생제로 Reverine이 개발되고, "헥스트" 인도공장이 가동되었다.
○ 1960년대에는 독일국내의 화학회사들과 네델란드의 합성수지 공장을 흡수했다. 1970년엔 런던의 염료회사 "Berger, Jenson & Nicholson"을 인수하고, 70년대 초반에는 국내의 화학, 염료, 합성수지 공장에 자본참가 했다. 1974년 기업명이 주식회사 "헥스트"로 바뀌었으며, 계속 국내의 자본참가와 더불어 파리, 매사추세츠주의 Leominster 등 해외에 투자했다. 80년대에도 유사업종 분야 기업에 대한 소유주식을 확장하고, 88년 영국의 "Berger, Jenson & Nicholson" 매각 같이 소유주식을 매각하기도 했다. "크나프자크"사와 "루르화학"사를 완전 흡수하고, "슈발츠코프"사의 주식 지분을 77%로 올렸다.
○ "헥스트"사의 연간 경영실적 추이

(단위 : 백만 마르크)

	90	91	92
매출고	44,862	47,186	45,870
－해외	33,447	35,542	34,516
기업이윤	1,696	1,357	1,182
자본총계	34,190	35,717	36,911
자기자본	12,740	13,696	13,856
투자	3,399	3,586	3,779

연구개발비	2,687	2,869	2,904
인건비	13,123	14,033	14,385
종업원(명)	172,890	179,332	177,668

본사 : 주소 : Postfach 80 03 20, 62300 Frankfurt/M
　　　 Fax : (069)-30524
　　　 Tel : (069)-305 0

헥스트 본사

헥스트 본사 공장

헥스트 본사공장 전경

독일의 50대 기업 ⑧ :

베 아 에스 에프(BASF)사

○ 독일의 루드뷔그스하펜에 본사를 두고 있는 "베 아 에스 에프"(BASF)사는 세계적 화학기업이다. 주종분야는 원료와 에너지, 화학생산물, 농업용 제품, 합성수지, 염료, 기타 소비재들이다.
○ "베 아 에스 에프"사의 모 기업이 처음 창설된 것은 1861년이며, 1865년 주식회사가 됐다. 1925년 "이게 파르벤인두스트리"로 결합되었다가, 1952년 "이게 파르벤인두스트리"의 전후 후속 조치로 "베 아 에스 에프"사가 새로이 설립되었다.
○ 라인강변의 루드뷔그스하펜에 있는 본사공장이, 1865년 주식회사로 만하임에 설립된 최초의 "바디쉐 aniline/소다공장"의 본 공장이다. 대전후 1952년 "바디쉐 aniline/소다공장"(Badische Anilin- & Soda-Fabrik)이 재 설립되고, 1973년 회사명이 "베 아 에스 에프"(BASF)로 변경됐다.
○ "베 아 에스 에프"사는 1860년대 설립이후 100년간을 거의 전적으로 루드뷔그스하펜의 본사공장에서만 제품을 생산하였으나, 1970년대 부터는 국내외 여러곳에서 기업활동을 하며, 새로운 생산공장을 설립하고 기존 기업들을 인수하고 있다.

○ 1993년 현재 "베 아 에스 에프"사에 속하는 기업은 세계적으로 약 330개사이며, 이중 140개 사가 제조업체이다. 국내의 주요 자회사로는 "빈터샬"사, "락케 파르벤"사, "크놀"사가 있으며, 안트벨펜과 마드리드에 현지법인체가 있다. 그러나 해외 기업활동의 주 무대는 북미, 브라질, 일본이다.

○ "베 아 에스 에프"는 설립후, 1953년 "도이췌 셸"(Deutsche Shell)과 함께 폴리에칠렌 생산을 위해 페쎄링에 "라인니세 올레핀벨케"를 설립했다. 독일에서 석유화학 산업이 시작한 것이 이때이다. 58년 미국의 "Dow Chemical"과 합작으로 미국에 합성사 반제품 생산공장 "Dow Badische Company"를 설립했다.

○ 1964년 "베 아 에스 에프, 안트벨펜"사를 설립하여, 비료, 합성수지, 합성수지 반제품, 화학사, 화학제품을 생산했다.

○ 1966년엔 독일의 켈소재 공장이 가동됨으로서 비디오, 오디오용 제품, 콤퓨터 기억장치, 여타 그래프산업용 제품들이 생산됐다. 67년 함부르크소재 전자공업 자재생산업체인 "베크"(Dr. Beck & Co.)사를 인수하고, 68년 제약부를 신설하고, 함부르크 소재 "노르드마르크"(Nordmark)사를 인수했다. 69년 "빈터샬"을 인수하고, 미국의 "Wyandotte Chemicals"를 흡수했다.

○ 1980년이래 생명공학에도 투자하였으며, 특히 석유가스분야에 기업활동을 확대시켰다. 최근에는 농약, 염료, 산업용 화학제품, 합성수지, 제약분야에서 폭넓은 생산공급을 하고 있다.

○ "베 아 에스 에프"사에는 1993년 현재 11개 부가 있어, 각 이사들의 책임하에 있다. 이사진들은 생산품목별, 지역별, 기능별 책임이 분담되어 있으며, 국별 위원회 및 산하기업별 구립위원회들은 기획에서는 이사진을 지원하며 핵심적인 실무 결정을 한다. 생산품에 대한 책임과 기업이윤에 대한 책임은 기업의 25개 분야가 공동으로 지며, 기술, 생산, 생산기획, 전세계적

투자계획, 특허정책, 구매조정, 마켓팅, 컨트롤은 근본적으로 단일화하여 이루어지고 있다.

○ 루드뷔그스하펜소재의 본사공장은 약 6,000종류의 화학생산물을 생산하며, 에너지조달은 자체 생성과, 마를 소재 "베 아 에스 에프 발전소" 및 "라인니세 페스트펠리세 전력"회사에서 공급받고 있다. 자체 생성은 루드뷔그스하펜에 2개의 유류화력 발전소와 한개의 석탄화력 발전소에서 공급한다. "베 아 에스 에프"가 100% 자본참가한 마를 소재 "아우구스테 빅토리아" 광산이 본사 석탄화력 발전소와 "베 아 에스 에프 발전소"에 석탄을 공급한다. 유류공급은 인근의 정유소와 만하임의 송유관에 직접 연결되며, 정유회사들과 장기공급 계약을 체결해 놓고 있다.

○ 루드뷔그스하펜 본사의 총 면적은 1,854 헥타르이며, 이중 공장, 구내선로 등이 817헥타르, 사무실, 주택이 17헥타르, 농업용 건물이 28헥타르, 공지가 992헥타르이다. 종업원을 위한 임대아파트 이외에 역내에 조합주택의 종업원 개인소유를 장려하고 있다.

○ "베 아 에스 에프"사는 통독후 대 동독지역 투자를 지속 확장하므로서 국제 노동분업의 구조변천이 요청되고 있으며, 최근 중국에 새로이 3개의 합작회사를 설립하므로서 2,000년 까지는 중국에서의 기업활동을 배가할 계획이다. 또한 에칠렌과 폴리에칠렌을 생산할 대형 프로젝트를 시베리아에 건설중이며, 러시아의 "Gazprom" 구럽과 합작으로 투자소요액은 12억-15억 마르크로 추정되고 있다.

○ "베 아 에스 에프"사는, 대 동구거래도 장기적으로는 다시 활기를 띨 것으로 전망하나, 통독이후 대 동구 수출이 격감하고 있다. 동 사의 89년 대 동구 매출고는 10억 마르크 였으나, 92년

에는 약 5억 마르크로 크게 줄었다. 또한, 동 사에 따르면 동구 개방이후 서구의 화학산업의 대 동구 매출고는 89년 122억 마르크에서 3년후 반감한 반면, 동구 화학산업의 대 서구 수출은 89년 60억 마르크에서 크게 증가한 것으로 분석하고 있다.
○ "베 아 에스 에프"사는, 이러한 동구 화학산업의 대 서구 진출 확대는 단순 화학 생산품의 경우 동구의 저임금과 계획경제에서 벗어났으나, 아직 시장경제가 정착하지 못한 동구국들의 외환사정 개선을 위한 덤핑수출이라고 보고있다.
○ "베 아 에스 에프"사의 주종분야별 영업실적 비중

(단위 : 백만마르크)

	91	92	증감(%)
매출고	46,626	44,522	− 4.5
−석유, 가스	6,715	6,782	+ 1.0
−농업용 제품	5,157	4,671	− 9.4
−합성수지, 화학사	9,964	9,092	− 4.9
−화학제품	6,991	6,699	− 4.2
−염료, 가공품	8,020	7,638	− 4.8
−소비제	9,185	8,824	− 3.9
−기타 기업할동	994	816	−17.9
기업이윤	2,180	1,311	
−석유, 가스	307	−38	
−농업용제품	127	45	
−합성수지, 화학사	−52	−119	
−화학제품	1,030	881	
−염료, 가공품	690	600	
−소비제	−345	−103	
−기타 기업활동	423	45	

○ "베 아 에스 에프"사의 지역별 영업실적 비중

(단위 : 백만 마르크)

	91	92	증감(%)
매출고	46,626	44,522	-4.5
－유럽	35,916	34,057	-5.2
－북미	7,814	7,500	-4.0
－라틴아메리카	1,755	1,730	-1.4
－아시아, 대양주, 아프리카	1,141	1,235	+8.2
기업이윤	2,180	1,311	
－유럽	2,034	1,318	
－북미	68	-58	
－라틴아메리카	54	20	
－아시아, 대양주, 아프리카	24	31	

○ "베 아 에스 에프"사의 주종분야별 투자, 연구개발비 비중, 1992년

(단위 : %)

업종	투자	연구개발비
석유, 가스	6	6
농업용제품	4	16
합성수지, 화학사	18	18
화학제품	21	15
염료, 가공품	15	18
소비제	15	27
본사건물	21	

○ "베 아 에스 에프"사의 지역별 투자, 종업원수 비중

	1992투자 (%)	종업원(명) 1991	1992
유럽	72	99,905	95,332
―독일	41	83,622	78,946
북미	23	18,787	17,349
라틴아메리카	3	9,520	9,090
아시아, 대양주, 아프리카	2	1,222	1,483
총계	100	129,434	123,254

○ "베 아 에스 에프"사의 연간 영업실적 추이

(단위 : 백만 마르크)

	89	90	91	92
자본총계	35,127	36,755	37,472	38,973
자기자본	13,957	14,348	14,635	14,583
기업이윤	4,329	2,755	2,180	1,311
종업원수(명)	136,990	134,647	129,434	123,254
투자	3,956	4,458	4,800	4,151
연구개발비	1,954	2,069	2,063	2,048
매출고			46,626	44,522

본사 : 주소 : Postfach, Ludwigshafen(Rhein)

Fax : (0621)―604 2525

Tel : (0621)―600

독일 화학물 생산 최고의 명성인 베 아 에스 에프 본사

독일의 50대 기업 ⑨ :

메트로 구룹(Metro Gruppe)

○ "메트로 구룹"(Metro Gruppe)은 1991년 매출고가 전년의 409억 마르크에서 크게 증가하여 463억 마르크로서, 91년 매출고 순위 독일의 9대 기업이나, 92년 "아스코"(ASKO)사를 흡수하므로서 매출고가 591억 마르크에 달한 것으로 추산되고 있다. 이로서 독일의 식료품 유통업계에서 최고의 거대 기업이 되었다.

○ 독일의 식료품 유통기업의 매출고

(단위 : 억 마르크)

메트로[1]	591
레페(Rewe)	381
에데카(Edeka)	249
알디(Aldi)	240
텡겔만(Tengelmann)	222
칼슈타트(Karstadt)	197
슈파(Spar)	133

1) 아스코를 포함한 메트로 전체의 매출고 임.

○ "메트로"는 도매상, 백화점, 통신판매, 전문연쇄점, 건재상, 가구점을 운영하며, 특히 전문연쇄점에서는 컴퓨터, 서적, 신발, 전자제품을 다루고 있다.

○ "메트로"는 독일의 전후 새로이 창설된 기업중에서 가장 급성장한 기업이다. 모 기업이 처음 설립된 것은 1964년이다. 스위스의 쭈그에서 혁제품 전문상을 하던 바이스하임(Otto Beisheim)이 독일 두이스부르크에서 식료품 도매상을 하던 슈미트-루텐베크(Schmidt-Ruthenbeck) 가족을 끌여들여 "Cash & Carry"사를 설립했다. 당시 독일의 도매상들은 전통적으로 배달을 해 주었으며, 현찰로(Cash)로 자기가 운반(Carry)하여 저렴하게 물건을 구입할 수 있는 곳은 없었다. 그뒤 금융적 지원이 루르지방의 기업인 "하니엘"(Framz Haniel & Cie)사에서 보충되어, 오늘날 "메트로"는 이들 3 소유주들이 각 1/3씩 자본참가하여 있다.

○ "메트로"는 설립이래 소리없이 기업들을 인수, 합병하였으며, 백화점 "카우프호프"(Kaufhof), 소비자시장 "마싸"(Massa) 등 5-6개의 유통기업을 지배하고 있다. 92년 아스코구럽을 지배하므로서 동 구럽 산하의 "디피"(Divi), "바자르"(basar), "프락티커"(Praktiker), "샤퍼"(Schaper)를 지배하게 됐다. 동종 혹은 유사업종 흡수로 독일 연방 카르텔청을 위시하여 관청과 법원에 가장많이 들락거린 기업으로 명명되고 있으며, 93년 부터의 EC역내시장 형성으로 경쟁방지법이 수정될 것임으로 대기업의 합병이 이전보다도 더욱 쉽게 허가될 것으로 "메트로"의 콘라디(Erwin Conradi) 사장은 전망하고 있다.

○ "메트로"의 급속한 성장은 콘라디의 경영전략이 절대적이다. 그가 IBM사에서 "메트로"로 옮겨온 것은 1970년이며, 현재 56세인 그가 그 당시 그의 나이 55세까지만 일할 것으로 장담하

였으나 그는 지금 이를 상기하려 하지 않고 있다. IBM을 그만 두고 1964년 바이스하임이 Cash & Carry사를 설립하면서 같은 IBM의 콘라디를 영입 설득했으나, 6년이 걸렸던 것이다. 70년 당시 "메트로"사의 매출고는 14억 마르크 였다.

○ "메트로"는 근년에 관광업부문과 전문건재상 부문에 투자를 확대하였다. 콘라디는, 지금까지 "메트로"가 투자하여 지배하고 있는 전문건재상들을 통일하여 "오비"(Obi)나 "슈틴네스"(Stinnes)를 능가하여 독일 제1의 건재부문 기업이 될 것이라고 했다.

○ 통독후 동독지역에도 기업활동을 구축하였으며, 이로서 20년간 계속된 독일 소매업계들의 "메트로"에 대한 원성이 고조되었다. "메트로"의 원래의 고객들은 요식업계와 영세상인들 이였으나, 상인들이 도매를 할 수 있는 "메트로"가 "메트로" 출입증의 악용으로 최종소비자들에 이용되고 있다. 특히 동독지역에서는 "메트로" 출입증이 주민들에 마구 배포되는 것으로 독일의 주간지 "슈피겔"은 보도했다. "메트로"는 또한 독일 전역의 주요소의 생필품공급을 독점하고 있다. 이에 대하여 콘라디 사장은, 기업의 역사가 짧은 신흥기업이 성공하면, 경쟁자들이 화를 낸다는 것은 극히 인간적이지 않느냐고 반문한다. 본사는 뒤셀도르프에 있다.

본사 : 주소 : Postfach, Düsseldorf
   Fax : (0211) - 969 4141
   Tel : (0211) - 969 0

독일 식료품 연쇄점인 메트로 구럽 내부

독일의 50대 기업 ⑩ :

바이엘(Bayer)

○ "바이엘"사가 처음 설립된 것은 1863년 푸퍼탈이다. "바이엘"(Friedr. Bayer et Comp.)사는 설립 2년 만에 미국의 염료회사에 투자를 하고 1870년에는 뉴욕과 빈에 처음으로 대리점을 두었다. 1876년에는 모스코바에 염료공장을 설립했다. 국내적으로는 1873년 종업원을 위한 조합기금을 도입하고, 또한 81년 주식회사(AG)가 되면서 "염료공장 바이엘"로 명명되었다.

○ 1888년 제약부가 신설되면서, 해열제(Phenacetin)와 두통약(Sulfonal)으로 첫 성공을 거두었다. 1882년 독일 최초의 특허를 획득한후, 89년 실험실을 설립하여 화학, 제약부문의 연구를 기업내적으로 시행하였다.

○ 1909년에는 세계최초로 합성고무 특허를 얻었으며, 창설 50주년인 이미 1913년에는 무려 8,000개 이상의 특허에 종업원이 1만명 이상이였다. 1917년에는 도르마겐소재 공장이 생산을 시작하였다.

○ "바이엘"사는 1925년 "이게 파르벤인두스리"로 통합되고, 대전 후 1951년 "염료공장 바이엘"이 재 설립되어 레버쿠젠, 푸퍼

탈, 도르마겐, 위르딩겐 소재 공장을 소유했다.
○ 1950년대에는 화학, 제약분야에서의 신제품개발과 동시에 미국과 카나다에 집중투자했다. 63년 창립 100주년에는 매출고 32억 마르크에 종업원 49,600명이였다. 60년대에는 영국, 벨기어, 페루에도 투자했다. "바이엘"사의 해외 투자가 늘어나면서 해외 기업의 수가 증가하자, 92년 북미의 해외 기업들이 기구개편되었다. 국내의 생산공장으로는 1970년 브룬스뷔텔에 제5공장이 설립되었다.
○ 레버쿠젠공장은 본사로서 대지 3.4km²에 600개의 건물이 있다. 제약, 염료, 고무, 화학 등 가장 많은 생산물을 산출하며, 생산공장이외에 연구소, 실험실, 시험공장들이 있어서 합성수지, 고무, 염료, 가공분야의 활동이 분류되어 있다. 특히 농약연구소는 세계적인 명성을 가지고 있다. 위치로는 라인강에 인접한 교통이 편리한 곳으로, 종업원은 약 4만명이다. 공장내 주차시설은 약 15,500개이며, 선로 43.7km, 도로 50.9km, 배수관 128.5km, 다리로 된 수송관 37km, 걸을 수 있는 에너지 송유관 길이가 5.3km이다. 출퇴근 버스는 169대이며, 이를 이용하는 종업원은 11,000명 가량이다.
○ 푸퍼탈공장은 1863. 8. 1일 합성 염료생산으로 문연이래, 오늘날은 의약품과 농약을 생산하고 있다. 또한 산하에 제약연구소가 있으며, 폐수정화시설, 물품 보관창고가 있다.
○ 라인강 왼편 쾰른과 노이쓰 중간지점에 위치하는 도르마겐공장은 화학섬유를 위시한 화학공장이 중심이다. 공장대지는 총 6km²이며, 이중 3.7km²를 "바이엘"이 사용하며 70개의 공장건물이 들어서 있다. 나머지 2.3km²는 "바이엘"과 "도이췌 베페"(Deutsche BP)사의 합작회사인 "EC 석유화학"(EC Erdölchemie)사에 임대주었다. 도르마겐공장의 종업원은 15,000명이다.

○ 위르딩겐소재의 공장은 1877년 "염료공장 메에르"(Farbwerk Dr. Meer & Cie)로 설립되어 1925년 "이게 파르벤인두스트리"에 속해있다가 1951년 이래 "바이엘"공장의 일부가 됐다. 동 공장에서는 합성수지, 화학제품 및 이들의 원료가 생산된다. 공장내 선로가 36km, 도로 28km, 배수로 66km 다리로 된 수송관 25km로서, 총 종업원은 10,000명이다.

○ "바이엘"은 1970년 제5공장부지로 엘베강 하류 브룬스뷔텔에 대지 375헥타를 슐레스뷔히주정부와 계약하여 취득하여, 73년 착공하여 77년 부터 가동되고 있다. 브룬스뷔텔공장 부지에는 계속하여 "바이엘" 공장과 "바이엘"의 합작공장들이 들어섰다.

○ "바이엘"의 해외 기업활동은 전통적인 북미 이외에 최근 대 극동 투자를 강화하고 있다.

○ "바이엘"사의 슈나이더(Dr. Manfred Schneider) 회장은, 서부일본의 "Kansai Science City"에 5억 마르크를 투자할 계획이며, 2000년까지는 주로 일본 과학자들로 형성된 400명 가량의 "바이엘" 연구진들이 알르레기를 위시한 연구에 집중할 것이라고 했다. 이러한 "바이엘"의 대 일본 진출확대는 일본의 제약연구 관계법이 자유주의적이고 아태지역의 경제적 비중이 무거워지는데 있다. 92년 현재 "바이엘"의 세계 매출고에서 아태지역의 비중이 10%이며 점점 증가추세에 있다. "Bayer Japan"사의 종업원은 3,400명이며, 자회사 "Bayer Yakutin"사는 92년 매출고 910억엔 (약 14억 마르크)으로서 제약 산업이 비교적 약한 일본에서 지도적 위치에 있다. 농업분야의 자회사인 "Nihon Bayer Agrochem"사는 현지에서 개발한 "Admire"란 농약을 세계시장에 공급하고 있다.

○ "바이엘" 제품의 92년 극동에서의 매출고는 50억 마르크이며, 이중 절반인 25억 마르크 이상이 일본이다. 다음의 비중이 한

국, 대만, 홍콩, 중국이다.
○ 슈나이더 회장은, "바이엘"의 역동적 경제성장을 하는 아태지역에서의 목표는 장기적으로 동 지역에서 차지하는 시장점유율을 현재의 1%에서 배로 증가하는 것이다. 그는, 아태지역의 화학산업의 시장규모는 2,800억-3,000억 달러로 추산하며, 어떠한 경쟁자도 현재로선 1% 선의 시장점유율을 능가하지 못한다고 했다.
○ 독일 국내에서의 "바이엘"사의 우려는 인도, 한국 등지에서 값싼제품이 몰려오는 것이다. 저임금 국으로 부터의 수입은 증가되며, 이로서 "바이엘"과 같은 서구의 기존 화학산업들이 어려워진다는 것이다. 슈나이더회장에 의하면, 연구와 생산을 "Go Far East"란 구호아래 막강하게 해외로 이전하는 것이 생존의 보장이며 화학산업에 있어서는 오늘날 "Made in Germany"가 아니라 "Made by Bayer"이 더 중요하다고 했다. 또한 "바이엘"의 막강한 대 중국투자를 위하여 현재 북경정부와 합의가 끝난 것으로 전해지고 있다.
○ "바이엘"사의 연간 경영실적

(단위 : 백만마르크)

	90	91	92
매출고	41,643	42,401	41,195
종업원(명)	171,000	164,200	156,400
자본총계	37,947	37,917	
자기자본	16,052	16,743	
기업이윤	1,903	1,853	
투자			2,859
연구개발비	2,738	3,007	3,096

○ "바이엘"사의 지역별 매출고 비중

(단위 : 백만마르크)

	93. 1/4분기	92. 1/4분기	증감(%)
유럽	6,482	7,450	－13.0
북미	2,310	2,264	＋ 2.0
중남미	479	466	＋ 2.8
아시아/아프리카	1,069	1,006	＋ 6.3
총계	10,340	11,186	－ 7.6

본사 : 주소 : Postfach, 50900 Leverkusen
　　　 Fax : (0214)－303 620
　　　 Tel : (0214)－301

바이엘 본사공장

바이엘 본사

바이엘(Bayer) **69**

바이엘의 이사진

바이엘의 본사 전경

독일의 50대 기업 ⑪ :

티쎈(Thyssen)

○ "티쎈"(Thyssen)구룹은 독일의 산업·유통기업계에서 대 기업이며, 구룹을 이끌어 가는 회사는 주식회사 "티쎈"이다. "티쎈"은 독일국내와 미국을 위시한 해외에 수많은 콘체른과 자본 참가회사들을 갖고있다. 기업활동의 비중은 산업자재, 산업부품, 완제품이며, 현재의 기업활동은 크게 4개부문으로 이루어져 있다. 자본재가 1991/92년 회계연도 (10. 1일에서 익년 9. 30일까지) "티쎈" 전체 매출고의 30%, 유통·서비스업 37%, 특수강철 8%, 철강 25%이다. 92년 10월 1일부로 특수철강과 철강이 통합되었다.

○ "티쎈"의 모 회사를 거슬러 올라가면 100여년 전 1891년으로 산정할 수 있으나, 1953년 철강생산업체 연합회인 "페르아이니그테 슈탈벨케"(Vereinigte Stahlwerke)의 마지막 분신으로 "아우구스트 티쎈"(August Thyssen Hütte)이 설립되어 77년 "티쎈"(Thyssen)으로 개명되었다. 50년대 "티쎈" 설립당시는 전쟁의 상흔, 대기업해체의 영향, 생산감소로 고전하였으나, 짧은 기간에 급성장을 하여 독일의 대기업이 되었다. 두이스부르크

의 옛 공장은 재건되어 주로 판재류를 생산하고 있다. 1962년에는 베에커베르트 공장이 완공되어 가동되었다. 공장의 인수도 활발하여, 57년 "도이췌 특수철강"(Deutsche Edelstahl)이 합병되고, 68년에는 "주물공장 오버하우젠"(Hüttenwerk Oberhausen)이 인수되었으며, 1년 뒤에는 "만네스만"(Mannesmann)과 생산분업이 계약되어 강관은 "만네스만", 압연강은 "티쎈"으로 되었다. 61년 인수된 "한델스우니온"(Handelsunion AG)는 "티쎈"의 철강생산품의 판매를 맡았다.

○ 1970년대 초반까지 주로 철강에만 기업활동을 집중시켜오던 "티쎈"이 주종을 확대하여, 타 분야에도 손을 댔다. 74년 "라인슈탈"을 인수하여 "티쎈 인두스트리"로 개명하고, 78년 미국의 "The Budd Company"를 흡수했다. 90년에는 "오토 폴프"(Otto Wolff)를 합병 했다. 93년 9월 30일 "티쎈"구립 기업결산에 세계에서 총 310개의 회사들이 집계되었다.

○ "티쎈"의 4개의 기업활동중 자본재 분야에서는 유럽에서는 "티쎈 인두스트리"가 핵심이다. 이 핵심기업하에 독일과 여타 유럽에서 90개의 기업들이 광범한 산업적 응용을 위한 자본재와 이에 따른 서비스를 제공하고 있다. 주물, 압연강부품, 펌프, 합성수지제품, 엘리베이터, 에스카레이터, 특수선박, 해양공업체재, 선박 수리가 이들의 주종이다. 이들은 또한 교통·운송공학, 환경공학, 에너지공학, 가공공학에도 특화하였으며, 기계공업에서는 이동 생산체재, CNC센터, 용접장비, 조립기계에 치중하고 있다. 미국과 카나다에서의 생산에서는 "The Budd Company"란 북미의 주도적 자동차 부품 생산업체로 활동하고 있으며, 강판과 SMC합성수지로 차체를 생산하고 있다. 동 회사는 바퀴, 브레이크 및 주물을 생산하고 있다. 여타 기업 활동 분야로서는 국내의 "라인니세 석회공장"이 석회채광, 철강, 화

학분야에 집중하며, "돌로미트 공장"은 주물, 시멘트공업에 집중하고 있다.
○ 유통·서비스업에서는 "티쎈 한델스우니온"이 모 기업으로서, 국내외에 500여개의 회사, 지점, 대리점을 가지고 있다. 주 활동분야는 리사이글링, 원자재, 건축공학, 연료, logistic, 프로젝트 맨니져먼트로서, 철강생산 잔여물, 폐물경제, 철강, 비철금속, 합성수지, 건설장비, 스팀장비, 석유, 석탄 및 지구상의 (냉·열대 포함) 건설 프로젝트를 위한 기술장비, 산업설비 등이다.
○ 철강분야에서는 두이스부르크 소재의 "티쎈 슈탈"이 중심이며, 산하에 두이스브르크 인근, 네델란드, 브라질에 자회사들이 있다. 판재류에는 스테인리스가 생산되며, 최근에는 표면막이 접착되거나 레이져광선 처리된 판재류가 급증되고 있다. 선로생산, 철사류, 전자강판, 자석체재, 백강판, 건축용 골절, 용접공학, 케이블선이 주종 이다.
○ "티쎈"의 부문별 매출고

(백만 마르크)

	1989/90	1990/91	1991/92
매출고	36,185	36,562	35,755
－자본재	11,094	11,327	11,977
－유통·서비스	13,363	15,259	14,411
－특수강철	3,863	3,321	3,071
－철강	9,734	10,439	9,903
－티쎈의 자본참가회사	5,520	－	－
－티쎈내의 부문별 이전매출고 감산	－7,389	3,784	3,607

○ "티쎈"의 지역별 매출고

(백만 마르크)

	1989/90	1990/91	1991/92
매출고	36,185	36,562	35,755
ㅡ독일	19,114	20,261	20,020
ㅡ여타EC	6,613	7,002	6,564
ㅡ여타유럽	3,202	2,730	2,666
ㅡ북미	4,385	3,576	3,608
ㅡ중남미	624	489	403
ㅡ기타지역	2,247	2,504	2,494

○ "티쎈"의 연간 경영실적

(단위 : 벽만 마르크)

	1989/90	1990/91	1991/92
자본총계	22,877	23,819	23,555
자기자본	5,131	5,269	5,197
기업이윤	690	520	350
투자	3,184	3,022	3,352
종업원	149,644	148,557	148,272
ㅡ국내	122,227	121,410	120,511
ㅡ국외	27,417	27,147	27,761

본사 : 주소 : August-Thyssen-Straße 1, 40211 Düsseldorf
　　　　Fax : (0211)-824 360 00
　　　　Tel : (0211)-824 1

티쎈 공장(두이스부르크 소재)

티쎈의 건설중인 용광로

티쎈(Thyssen) 75

독일 중공업분야 선두주자 티쎈사 본사

독일의 50대 기업 ⑫ :

보쉬(Bosch)

○ 유럽 최대의 자동차부품회사이며, 독일에서 "지멘스" 다음 제2의 전자산업 생산업체인 "보쉬"(Bosch)가 60년대 중반이래 처음으로 매상고가 줄어들며, 또한 92년 하반기이래 기업이윤의 적자폭이 급속히 확대되고 있다. 93년 매출고는 전년비 4-5% 감소할 것으로 예상하고 있다. 이미 93년 6월말 전임 비리히 (Marcus Bierich, 67세) 회장이 물러앉고, 신임 숄(Hermann Scholl, 57세) 회장이 취임했다. 국제경쟁력 강화를 위해 인건비, 이자 등 생산비를 절감하고, 기업의 구조전환을 서두르고 있다. 이로서 107년의 역사를 가진 92년 매출고 344억 마르크 종업원 177,000명의 기업을 적자운영에서 구제하기에 안간힘을 쓰고 있다.
○ "보쉬"의 매출고 감소는 무엇보다도 기업활동이 자동차 부품생산에 치중한 때문이며, "보쉬"의 매출고의 절반이 자동차 생산업체로 부터 들어오고 있다. 기업활동은 4부문으로 나누어지며, 자동차부품(92년 매출고의 49.4%), 통신공학(23.6%), 자본재(21.0%), 생산재(6.0%)이다. 본사는 슈투트가르트에 있다.
○ 자동차부문에서는 차체체재, 조정체재, 안전체재, 반도체, 전자조

정기기, 자동차전기체재, 광공학, 검사공학이다. 통신공학의 제품은 민간 통신체재, 무선통신, 우주·위성공학, 교통공학에서 이다. 자본재는 전자공작기계, 가전제품, 열공학 분야에서 활동하며, 생산재는 유체역학, 기체역학, 산업전자, 포장기계이다.

○93년 새로이 로이트링겐에 반도체공장이 설립 되었으며, 제5부문으로 이동통신이 신설됐다. 이에는 계기, 카폰, 카 라디오, 항법기기가 포함되어 있다. "보쉬"는 기업활동을 지역적으로도 확대하여, 동독지역, 동구에도 적극 진출하였으며, 해외 중점인 미국과 일본에의 관계도 더욱 고착할 예정이다. 현재 일본에는 10여개의 "보쉬"회사와 합작회사가 있다.

○세계 15대 자동차 장비·부품 생산업체

업체	국적	매출고, 92년 (억 마르크)
Bosch	독일	210
Nippondenso[1]	일본	188
Mannesmann	독일	65
Valeo	프랑스	59
TRW	미국	57
Allied Signal	미국	55
Dana	미국	54
ITT	미국	43
Lucas	영국	41
Magneti Marelli	이태리	37
Zexel	일본	35
Eaton	미국	26
Siemens	독일	25
Hella	독일	23

1) 보쉬가 5.67% 자본참가하고 있슴.

○세계 10대 텔리콤 생산업체

업체	국적	매출고, 92년 (억 마르크)
Alcatel	프랑스	312
AT & T	미국	192
Siemens	독일	179
Northern Telecom	캐나다	131
Ericsson	스웨덴	128
Bosch	독일	82
Fujitsu	일본	58
Motorola	미국	56
Philips	네델란드	51
GTE	미국	45

○"보쉬"의 연간 경영 실적

(단위 : 백만 마르크)

	1990	91	92
매출고	31,824	33,600	34,432
종업원	179,636	181,498	177,183
－국내	117,549	116,811	112,942
－국외	62,087	64,687	64,241
연구개발비	2,042	2,144	2,302
투자	2,790	2,273	2,038
－국내	1,708	1,464	1,347
－국외	1,082	809	691
자본총계	23,544	24,247	24,452
자기자본	7,050	7,471	7,859
기업이윤	560	540	512

본사 : 주소 : Postfach 106050, 70049 Stuttgart
　　　　Fax : (0711)－811 4746
　　　　Tel : (0711)－811 6280

보쉬 (Bosch) **79**

보쉬 본사 및 중앙기술연구소 전경

보쉬 본사

독일의 50대 기업 ⑬ :

베엠페(BMW)

○ 정확히 말해서 한대의 "베엠페"(BMW) 자동차가 1993년 6월 한달동안 우리나라에서 팔렸다. 그리고 7월달엔 한대의 "베임페"도 거래되지 않았다. 이러한 현지의 보고가 뮌헨소재 "베엠페"본사에 전해지자, 본사의 텔칙(Horst Teltschik)이사는 정치적 접촉을 하여 독일 연방정부가 우리나라의 시장개방에 압력을 가하도록 촉구했다. 그는 오랫동안 독일 콜수상의 가장 영향력 있는 보좌관의 한사람이였으며, 현재는 산업계로 자리를 바꾸어 "베엠페"사의 동구, 아시아관계, 환경보호 문제, 교통체제, 연합회들과 접촉, 자동차모델에 대한 장기계획 등이 소관업무로 소위 "경제와 정치" 담당이사이다.

○ "베엠페"의 뮌헨본사측 분석에 의하면, 우리나라는 오랫동안의 자동차 수입금지가 처음해제되어, 1989년 독일산 자동차가 총 512대 들어왔으며, 이중에서 189대의 "베엠페"자동차가 팔렸다. "베엠페"는 이에 힘입어 아태경제권에서 중요한 우리나라에서 중기적으로 연간 1,500-2,000대의 "베엠페"자동차가 판매될 것으로 목표를 세웠다. 그러나 92년 우리나라에서 판매된

독일산 자동차는 290대이며, 이중 "베엠페"는 98대였고, 93년 1-5월간에는 독일산 자동차 102대중에 "베엠페"는 33대 였다.
○ 반면 92년 유럽에서 팔린 우리나라의 자동차 대수 82,000대중 30,000대가 독일에서 판매된 것으로 텔칙이사는 추정했다. 이러한 판매대수는 93년 1-5월간 유럽 전체로는 30% 증가했고, 독일에서는 83% 증가했다. 93년 10월부터는 현대와 기아의 대독일시장 진출확대로 우리나라 자동차의 판매증가는 더욱 가속될 것으로 텔칙은 전망했다.
○ 수출은 확장하는 대신에 수입은 관세, 사치세, 세무조사, "복잡한" 신규차량 운행 허가규정 등으로 억제하는 것은 이치에 맞지 않는다는 것이 독일측의 변이다. 정치적 차원에서 "진정한" 시장개방을 위한 약속을 받아내고, 경우에 따라서는 보복조치(예하면 GSP)를 취하여야 한다는 것이다.
○ 값싼 수입품이 자기나라의 인플레진정에 얼마나 공헌하는지 독일은 알아야 한다. 자본주의 사회에서는 정부가 개인소비에 영향을 미칠수가 없다. 흔히 공공부문의 구매를 열거하나 이 또한 공산주의가 아닌한 한 나라의 국민경제에서 차지하는 비중이 너무나 낮아 의미가 없다. 좋은 상품을 값싸게 공급하는 것이 해결책이며, 이를 위해서는 기술개발과 경영합리화가 관건이다.
○ "베엠페"(BMW)의 모 기업이 창설된 것은 1916년이다. 뮌헨에 설립된 "바이에리세비행기공장"은 다음해인 1917년 "바이에리세모토렌 벨케"(Bayerische Motoren Werke)를 인수하면서, 설비, 특허, 회사명까지 그대로 획득했다. 본래의 "바이에리세 모토렌 벨케"는 "쥐드도이췌 브렘젠"으로 신설되어 전혀 무관한 회사가 됐다.
○ 1923년 처음으로 오토바이를 생산하고, 1927년 미국 "Pratt &

Whitney"사의 특허로 공냉식 비행기 엔진을 생산했다. 1928년 "고타어 와공"사로부터 아이젠나흐소재공장을 인수받았으며, "Austin Motor Company"사의 특허생산을 하였으나, 1932년 계약완료후 자체개발한 자동차를 생산했다. 1930년대와 1940년대 중반까지 비행기 엔젠 생산회사와 같이 품목별, 혹은 지역별 산하기업들을 설립했고, 비행기 생산회사, 주물, 기계공장을 인수했다.

○ 종전과 동시에 미국군지역에 있던 "베엠페"는 압수되어 생산이 완전 중단되었다가, 1946년 자동차부품 생산, 수리, 농기계생산, 주물등 일부생산이 허가 되었다. 1948년 화폐개혁과 1949년 연합군의 생산통제가 해제되므로서 급속히 발전하여, 1970년대 초반까지 주로 생산을 확장하면서 국내 판로를 다졌다. 1973년 벨기에, 프랑스, 이태리에, 1975년 북미, 1976년 스위스에 판매망을 설립했다. 1977년에는 기업활동을 보트용 엔진에도 확장했다. 1978년 오지리와 영국에 판매망을 설립하고, 1981년 지금까지 일본의 수입회사 "BMW Japan"을 인수했다. 1982년 스페인의 마드리드에, 1985년 카나다에 판매망을 구축하고, 1990년 독일의 오버우젤에 비행기 엔진생산을 위해 합작회사 "BMW Rolls-Royce"를 설립했다. 1991년 스웨덴과 미국에 새로이 해외 판매지점을 설립하고, 1992년 미국 Spartan-burg(South Carolina)에 생산공장을 착공했다.

○ "베엠페"는 고급승용차를 생산하며 독일에서의 시장점유율은 6.5%이다. 생산공장은 국내에 뮌헨, 딩골핑, 란드스후트, 레겐스부르크, 파커스도르프, 베를린, 그리고 오지리의 슈타이르에 있다. 국내 판매망은 18개 지점에 900개의 대리점이 있고, 세계 100여개국에 4,600개의 대리점이 있다.

○ "베엠페"의 연간 매출고

(단위 : 백만마르크)

	1990	91	92
매출고	27,178	29,389	31,241
투자	2,066	2,123	1,975
종업원(명)	70,948	74,385	73,562

○ "베엠페"의 93년 상반기 경영실적

(단위 : 백만마르크)

	93.상반기	92.상반기	증감(%)
매출고	14,739	16,155	− 8.8
－자동차	10,641	12,119	−12.2
－오토바이	323	320	+ 0.9
－리징	1,667	1,411	+18.1
－기타매출	2,108	2,305	− 8.5
－독일	6,164	7,093	−13.1
－여타유럽	4,233	5,159	−17.9
－기타	4,342	3,903	+11.2
기업이윤	255	421	−39.4
생산고			
－자동차(대수)	277,076·	312,986	−11.5
－오토바이(대수)	21,773	21,356	+ 2.0
판매대수			
－자동차	277,200	307,600	− 9.9
－오토바이	21,950	22,700	− 3.3
종업원(명)	71,866	75,507	− 4.8

○ "베엠페"의 미국 South Carolina주의 공장은 건설이 계획대로 완공예정이며, 1993년 6월에 공장조립홀이 완성되었다. 현재 South Carolina주와 베엠페가 공동으로 동공장종업원 교육프로그램을 실시하고 있으며 1993년 연말에 업무를 시작했다.
○ "베엠페"는 세계경제의 경기상승과 이에따른 국제자동차시장의 회복세를 1993년에는 기대하지 않았지만, 유럽의 자동차시장은 1993년 하반기부터 회복할 것으로 본다. 독일에서는 경기예측의 불투명하므로 자동차의 수요에 부작용을 미칠것이다. "베엠페"는 독일에서 국제경쟁력있는 산업생산을 위한 부대조건에 부합하는 경제정책 및 금융정책을 추진하며, 국제 통상장애 제거에도 집중 하고 있다. 이러한 어려운 상황에서 "베엠페"는 1993년 생산고와 매출고에 있어서 전년비 감소할 것으로 예측하고 있다. 기업운영의 중점은 "베엠페"가 이룩한 수준을 고착하며, 새로운 모델개발로 시장의 매력을 보일것이다. 우선 1993년 하반기에 "베엠페" 3단위와 5단위의 새로운 형이 선을 보였으며, 4기통엔진은 개선됨으로서 더욱 경제적이고 능율이 좋은 엔진이 될 것이다. 장기적으로 추진하고 있는 구조개선이, 기업전체 과정의 효율화를 위하여 계속되고 있다.

　　본사 : 주소 : Petuelring 130, 80788 München
　　　　　Fax : (089) - 389 431
　　　　　Tel : (089) - 389 50

베엠페(BMW) **85**

고급승용차의 대명사격인 베엠페의 본사 전경

독일의 50대 기업 ⑭ :

루르코올레(Ruhrkohle)

○ "루르코올레"(Ruhrkohle)는, 1968년 루르지방의 갈탄광산을 종합하기 위하여 법에 의하여 설립되었다. 독일의 총 석탄생산량에서 "루르코올레"가 차지하는 비중은 70%이다. 현재 주요 활동분야는 갈탄광산이외에 채광, 에너지, 이들의 운송 및 유통업, 기타 관련 서비스업이다. 갈탄수요의 감소로 기업활동을 여타분야로 확장할 것을 계획하고 있다.

○ 세계석탄 총 생산량의 12%만이 무역거래가 이루어지고 있으며, 이는 물량으로 1992년 4억 5백만 톤이다.(1991년 국제간 거래량은 4억 3백만톤이였다.) 주요 수출국은 호주, 미국, 남아프리카, 카나다로서, 92년 세계 수출의 73%를 차지하고 있다. 현재 폴란드와 CIS가 생산가보다도 낮은 석탄가격을 세계시장에 내놓고 경쟁하고 있는 것으로 "루르코올레"는 분석하고 있다.

○ 주요 석탄 수입국은 EC, 일본, 동남아시아로서, 92년 이들의 총 수입은 세계 전체수입의 80%를 차지하고 있다.

○ 92년 독일 에너지원의 55%가 수입되고 있으며, 이들의 대부분은 유류와 가스이다. 이러한 독일 에너지원의 수입비중은 2000년에는 60%가 될 것으로 스위스의 바젤소재 세계유수 컨설팅 회사인 프로그노스(prognos)사는 전망했다. 92년 독일의 에너지 소모는 전년비 2.6% 감소했으며 경기약화와 온화한 겨울이 원인이였으며, 특히 동독지역은 산업의 구조전환이 진척중이므로 에너지 소모가 동 기간에 12%나 감소했다.

○ "루르코올레"의 가장큰 수요부문은 발전소와 철강산업이다. 독일의 전력모소는 92년 전년비 1.1% 감소하였으며, 서독지역은 거의 불변인 반면, 동독지역은 7.1% 감소했다. 전력생산은 동 기간에 0.4% 감소했으며, 서독지역은 1% 증가한 반면 동독지역은 7.7% 감소했다. 92년 서독지역의 전력생산은 전년비 화력발전이 감소하고, 원자력 및 수력발전이 크게 증가했다. 독일의 화력발전을 위한 석탄소모에서 국내석탄의 비중은 92년 전년의 26%에서 25%로 감소했다.

○ 독일의 철강시장에 저가 수입품이 증가하는 반면, 독일의 철강수출이 감소하므로서 독일 철강산업의 경기가 침체되고있다. 독일 철강산업은 92년 4월, 93년의 연간 조강생산량이 4천만 － 4천 1백만 톤으로 예상하며, 이러한 전망은 96년까지 지속될 것이라고 독일의 갈탄광산에 통보하였으나, 93년 독일 조강생산량은 3천 2백만톤에 머물 것이다. 93년 상반기 독일 철강산업의 석탄소모량은 전년 동기비 3/4에 불과하다.

○ "루르코올레"의 연간 매출액은 92년 전년의 282억 마르크에서 284억 마르크로 증가하였으나, 구럽내의 이전거래를 제외하면 동 기간에 247억 마르크에서 246억 마르크로 감소했다.

○ "루르코올레"의 연간 경영실적

(단위 : 백만마르크)

	1990	91	92
매출고	22,921	24,700	24,550
(구럽내 거래 제외)			
-갈탄	10,737	12,042	12,004
-코크스	3,579	3,580	2,757
-가스	336	292	216
-전력	2,358	2,664	2,711
-화학	2,925	2,899	2,932
-유통, 서비스업 및 기타 관련업	2,986	3,223	3,930
종업원(명)	119,457	122,469	118,337
자산총계	23,860	26,409	27,645
자기자본	2,352	2,111	2,151
기업이윤		83	66
투자	1,398	1,631	1,741

본사 : 주소 : Rellinghauser Straße 1, 45128 Essen
      Fax : (0201)-177 3475
      Tel : (0201)-177 1

루르코올레 (Ruhrkohle) **89**

베르크카멘 소재 루르코올레의 설비

루르코올레 탄광의 근무교대

루르코올레 탄광의 채광 광경

루르코올레 (Ruhrkohle) **91**

루르코올레 탄광의 채광에 투입되는 대형기계(최고 600킬로와트=820ps임)

독일 최대의 1차 에너지 공급회사인 루르코올레사의 본사전경

독일의 50대 기업 ⑮ :

알디(Aldi)

○ 독일 통일직후 동독사람들이 그들 사회주의 생산품인 트라비를 타고 동서독 경계선에 인접한 서독지역에서 자본주의의 값싼 생필품을 구입 하던곳이 "알디"(Aldi)였다. 백화점같이 많은 종류의 물건을 구비하여 친절하게 고객에게 서비스하는 곳이 아니고, 신선하지는 않지만 오래보관할 수 있는 주로 통조림의 주요생필품을 염가로 제공했다. 이로서 "알디"는 91년 연간 매출고 198억 마르크로 독일의 20대 기업이였으나, 91년에는 매출고 274억 마르크로서 15대기업으로 부상했다. "알디"의 지점 총수는 2,250개이며, 독일의 식료품 유통업계에서 "메트로구럽", "레페"다음의 제3의 위치에 있다. 기업활동 또한 염가 판매에서 벗어나 커피와 차종류의 완제품을 생산하고, 통조림용 가축도 사육하며, 운송업과 보험업에도 참가하고 있다. 이에 더하여 주택임대와 인쇄업도 수행하고있다.
○ 이러한 "알디"가 처음 설립된 것은 1962년이다. 테오도르 알브레헥트(현재 71세)가 그의형 칼 알브레헥트(73세)와 함께 도르트문에 식료품 염가판매업으로 "알브레헥트 디스카운트"

(Albr-echt-Discount : Aldi "알디")를 설립하면서이다. 광부의 아들로 태어난 이들은 이미 2차대전후 어머니의 구멍가게 (Tante-Emma-Laden)를 물려받아, 60년대 초에는 이들 형제들이 그들의 디스카운트 상점 확장을 위해 독일을 나누었다.
○ 현재의 "알디"본사는 도르트문트 인근 엣센에 있으며, 이를 중심으로 북부독일은 테오도르가 맡아서 기업운영을 스파르타식으로 하고있으며, 통독이후에는 동독지역에까지 확장하고 있다. 형 칼은 본사에서 독일의 남부에 한하여 품목을 제한하여 특히 빨리 팔리는 식료품을 공급하고있다. 이들은 해외시장도 분할하여 진출하고 있으며, 테오도르가 베네룩스, 프랑스, 덴마크에 통조림 식품이외에 감자, 화장지류를 공급하고 있으며, 형 칼은 영국, 미국에 생필품 디스카운트를 운영하고, 특히 오지리에서는 독자적인 상호 "호퍼"(Hofer)란 이름하에서 식료품 판매업을 하고 있다.
○ "알디"의 영국진출은 89년이래 강화되고 있으며, 아직까지는 영국의 수준급 업체들인 "Sainsburg", "Tesco", "Coop", "Argyel"의 주의를 모으지 못하지만, 중소업체들인 "Kwik", "Save", 기타 신흥업체들의 경쟁심을 받고있다.
○ 미국에 진출한 "알디"도 미국의 수퍼마켓들의 경쟁에서 여전히 무시를 당하고 있지만, 91년 미국의 25번째 연쇄수퍼마켓으로서 매출고가 24억 마르크에 340개의 업체가 있다. 불과 해외진출 15년 만에 이룩한 업적이다. 그러나 "알디"의 미국 진출 초기에는 어려움이 많았다. 미국의 백화점이란 병원같이 청결하고 축구장만큼 큰 백화점에 질이난 미국 소비자들이, 한정된 품목에 좁고 스파르타식으로 진열된 "알디"에 적응할수가 없었다. 또한 백화점의 입구가 넓고 백화점내의 배경 음악과 Scanner식으로 된 계산체재에 계산된 물건을 종업원이 담아주는데

에 젖은 미국의 서민들이 독일 "box-sbop"에 몰려들기에는 시간을 요했다.

○ 그러나 그사이 "알디"의 미국소재 제1의 중앙공급소가 있는 시카고주위에서는 "알디"란 이름이 염가식료품 판매소와 동의의가 되어버렸다. 계산을 하는 점원은 전설에서나 보는것 같이 빠른 속도로 숫자를 찍어데어 scanner를 무색케한다. "알디"의 가격정책이란, "Crain's Chicago Business"지가 전하는것 처럼 마진이 면도날과 같다. 팬실베니아에 새로이 제9의 "알디" 중앙공급소가 설립되었다.

○ 알브레헥트가의 재산은 미국에서 "알디"이외에도 "Trader Joe's"란 이름의 27개 연쇄백화점도 운영하고 있다. 이들은 특히 캘리포니아에서 기존의 자리를 굳힌 백화점에 대항하여 염가로 생필품을 제공하므로서 성공을 거두고있다. 이밖에도 알브레헥트가는 산하의 "마르쿠스 재단"을 통하여 미국의 아이다호주에 본사가 있는 미국 제6의 연쇄백화점 "Albertsons Inc."에 11% 자본참가하고 있다.

○ "알디"의 총 매출고는 92년에는 약 250억 마르크선으로 감소한 것으로 추산되고있다. 92년 "알디"의 전체 점포수는 2300개 가량이다. 동독지역에의 유통망확장에는 소유권관계가 불분명하고 허가절차가 길어서 고통을 겪었다. 또한 대 동독지역에로의 확장에 점포의 대형화 추세를 늦게 실시했다. 번잡한 시가지에 있는 미니점포의 문을 닫고, 시외의 잔디밭에 많은 주차장을 갖춘 넓은면적의 백화점에 치중했어야 했다. "알디"자체 통계에 의하면 기존 점포의 고객당 구매액이 33마르크인 반면, 신설된 광역백화점은 48-53마르크이다.

○ 이와같이 대 동독지역 유통망확장에 "알디"는 성공을 거두지 못했다. 92년 "알디"의 총 매출고에서 동독지역이 차지하는 비

중이 5% 미만인데 반하여 "레페"의 경우는 10% 이상이고, 심지어 "아파우아 구룹"(AVA)은 동독지역에서의 매출고가 전체 매출고의 14%이다.

○ 그러나 "알디"는 총 매출고에서 상품의 파손, 분실이 차지하는 비중이 무척낮다. 쾰른소재 "독일 상업연구소"(Deutsches Handelsinstitut)에 의하면, 독일의 백화점, 디스카운트, 셀프서비스 점들의 총 매출고에서 상품의 파손, 분실이 차지하는 비중은 평균 1.4%이나, "알디"의 경우 깨지고 도둑맞아 나가는 액수가 총 매출고의 0.25-0.3%에 불과하다. 칼 알브레헥트는 이러한 비중이 자기의 슈퍼(super) 지점에서는 0.2% 미만이 되어야 한다고 한다. "알디" 지점장들은 물건 진열후 구석으로 던져지는 빈 상자마다 뒤쫓아가야 한다고, 여기에도 그의 일자리가 있다고 한다.

본사 : 주소 : Postfach, 43010 Mülheim
　　　 Fax : (0208)-992 146
　　　 Tel : (0208)-992 70

각종 식료품을 염가로 판매하는 박리다매방식을 채택, 구멍가게에서 거대기업으로 성장한 알디사의 한 점포

독일의 50대 기업 ⑯ :

오펠(Opel)

○ "오펠"(Opel)은 승용차, 콤비를 위시한 자동차 생산회사이며, 부품생산, 자동차 판매업을 하고, 전세계적으로 아프터서비스망이 6,500개 이상인 91년 매출고기준 독일의 16대 기업이다.
○ "오펠"의 역사는 아담 "오펠"(Adam Opel, 1837-1895년)이 1862년 25세의 나이로 제봉기 생산회사를 세우면서 시작됐다. "오펠"은 1887년 자전거 생산을 시작하여, 40년 후에는 세계굴지의 자전거생산업체가 됐다. 1899년에는 "오펠"특허 엔진으로 최초의 자동차가 "오펠"의 뤼셀스하임공장에서 생산되었으며, 4마력이였다.
○ 1911년 화재로 공장의 대부분이 소실되었고, 1백만 대 생산후 재봉기 생산을 포기했다. 1924년 컨베이의 도입으로 자동차 대량생산이 실시되었으며, 1928년에는 합자회사에서 주식회사가 됐다. 1929년에는 미국 디트로이트의 "General Motors Corporation"(GMC)가 "오펠"의 주식을 인수했다. 1937년 250만대 생산후 자전거생산을 끝내었다. 2차대전으로 "오펠"공장의 절반이 파괴되었으나, 1년후인 1946년부터 다시 생산을 시작하였다.

○ 1962년 북홈공장이 완공되고, 1966년 카이저스라운텐 공장이 부품생산을 시작했다. 1981년 생산능력이 확장되고, 1983년 5월에는 "오펠"이 총 2천만대 자동차를 생산했다. 1990년에는 2천 7백만대의 자동차를 생산했으며, 동독지역에 새로운 판매망을 확장하고, 동독지역의 아이젠나하에 펙트라모델의 조립공장을 설립했다.

○ "오펠"은 앞으로 비유럽의 해외 진출을 확대할 계획이며, 특히 아시아와 중남미에 판매 촉진할 예정이다. 지금까지 "오펠"의 해외판매는 주로 유럽에 집중하였으며, 비유럽시장에의 수출은 생산의 2% 가량이다. 1992년 "오펠"은 일본에서 1,370대만을 판매하였으나, 1993년의 목표는 20,000대이다. 1993년 2월에는 "오펠"이 일본에서 1,564대를 판매하므로서 동기간에 일본에서 1,466대를 판매한 폴크스봐겐을 처음으로 앞질렀다. 대만, 타일란드, 말레이시아, 인도네시아에 "오펠"자동차 조립공장이 건설될 계획이며, 인도에는 검토중인 것으로 "오펠"의 헤르만(David Herman)이사장은 말했다. 그밖에 "오펠"은, 칠레, 콜럼비아, 베네쥬엘라, 아르헨에 수출할 계획이며, 아스트라모델과 펙트라모델의 수출이 유망시되고 있다. 브라질에서는 오메가모델이 현지생산될 계획이며, 브라질 자국생산 부품이 높은 비중을 차지할 것이라고 헤르만은 밝혔다.

○ "오펠"의 연간 자동차 생산대수

	1990	91	92
총생산대수	1,048,772	994,920	1,085,963
－아스트라	－	136,577	644,125
－카데트	572,335	346,208	24,167
－펙트라	299,312	303,719	242,995
－칼리브라	29,357	67,455	57,254
－오메간	133,761	131,400	111,470
－제나토	14,007	9,561	5,952

일일평균생산대수	4,385	4,167	4,606
독일자동차생산에서 차지하는 비율(%) (승용차/콤비)	22.5	21.3	22.3

○ "오펠"의 연간 자동차 판매대수

	1990	91	92
총판매대수	1,153,442	1,222,053	1,302,591
ー국내	597,905	758,308	696,706
ー해외	555,537	463,745	605,885
수출비율(%)	48.2	37.9	46.5

○ "오펠"의 연간 경영실적

(단위 : 백만마르크)

	1991	92
매출고	27,149	29,222
투자	1,158	1,302
기업이윤	1,075	202
종업원(명)	56,782	53,137
인건비	4,984	5,106
ー직접인건비	3,452	3,597
ー사회부대비용	1,532	1,509
1인당 인건비(마르크)	87,546	91,179
ー직접인건비	60,644	64,234
ー사회부대비용	26,902	26,945
자기자본	2,692	2,413

본사 : 주소 : Postfach 1710, 65423 Rüsselsheim/M
　　　　Fax : (06142)-664 859
　　　　Tel : (06142)-661

오펠 본사 조감

오펠 본사 정문

오펠 공장

독일 제2의 자동차 메이커인 오펠사의 뤼셀스하임 공장

독일의 50대 기업 ⑰ :

레페(REWE)

○ 프랑크푸르트근교 바트 홈부르크에 본사를 둔 "레페"(REWE)는 1990년 매출고 222억 마르크 였으며, 91년에는 267억 마르크로 전년과 같이 여전히 매출고 순위 독일의 17대 기업이다. 특히 90년의 전년비 매출고 증가율은 22%로 급성장을 하였으며, 이는 무엇보다도 바이에른주와 바덴뷔르텐부르크주의 약 400개에 가까운 "코오프"(COOP)지점을 인수한 때문이다. 인수기업을 제외한 구립의 기존기업들의 매출고는 90년 전년비 3.8% 증가로서, 전년의 증가율 1.6를 훨씬 능가하고 있다. 이러한 매출고 증가에 가장큰 역할을 한것이 과일 및 채소품목을 대폭확장한 때문이다. 90년 "레페"의 광고비용은 2억 2,600만 마르크이다.

○ 1990년 "레페"의 연쇄점 총수는 전년의 3,191개에서 3,675개로 증가하였으며, 388개의 연쇄점을 타기업으로부터 인수하고, 285개가 신설되었으며, 문을 닫거나 양도한 연쇄점이 189개이다. "레페" 연쇄점의 총 면적은 동기간에 23.5% 증가하여 270만 m^2이다.

○ "레페"가 처음 설립된 것은 1926년 노르트라인 페스트팔렌주의 17개 구매협동조합이 연합한데에 있다.
○ 1945년 종전과 더불어 "레페"의 기업활동이 중단 되었다가, 47년 "레페 쩬트랄 수입"이 설립됐다. 56년에는 기업활동이 무역, 도매업을 위시하여 운수업, 화물취급업에까지 크게 확장되었다. 72년에는 "레페"의 기업 구럽의 개혁으로 "레페"는 주로 신용조합의 성격에만 집중하고, "레페 쩬트랄 수입"은 "레페 쩬트랄"로 개칭됐다. 74년 "레페"는 61년에 설립된 "라이브 브란트 구럽"에 50% 자본참가함으로서, 산하의 "하엘 슈퍼마켓", "미니말", "페니-디스카운트", "톰", "이데아" 등의 슈퍼마켓들을 확장할 수 있었다.
○ "레페"는 통독후 동독지역에 투자를 집중하였으며, 동독지역 식료품업계의 매출고에서 "슈파", "에데카" 다음의 제3위이다. 동시에 해외기업활동으로는 유럽에 거의 국한하고 있다.

본사 : 주소 : Postfach, Homburg
　　　　Tel : (06172)-123 0

염가판매를 통한 기존 상권 공략에 성공한 레페 연쇄점의 내부모습

독일의 50대 기업 ⑱ :

프로이싸그(Preussag)

○ 독일의 니더작센주의 기업인 "프로이싸그"(Preussag)는, 원료 및 자본재 생산업체로서 독일 연방 국영기업인 "잘쯔기터"를 흡수하여, 철강, 비철금속, 에너지, 유통 및 교통업, 조선, 차량생산, 기계공업, 설비, 환경공학, 정보처리공학, 건물공학에서 활동하는 콘체른의 홀딩사이다. 1990/91년도(1990. 10. 1-91. 9. 30) 매출고는 255억 마르크 였으며, 1991/92년도 매출고는 245억 마르크이다. 매출고의 60% 가량이 주종분야인 철강, 비철금속, 에너지, 조선, 차량생산이며, 나머지가 확장분야인 교통, 건물공학, 설비, 환경공학, 정보처리공학이다. 피퍼(Ernst Pieper) 이사장이 93년 말 65세로 정년퇴직하고, 프렌쩰이사(46세)가 새로이 취임했다.

○ 프렌쩰은 대전후 1947년 동독의 라이프찌히에서 상인의 아들로 태어나서, 서독의 두이스부르크에서 자라 66년 고등학교 졸업후 67-69년간 군복무를 마쳤다. 69-74년간 복쿰대에서 법학을 졸업하고, 78년 법학박사학위를 취득했다. 10년가까이 은행계에서 이력을 쌓아올려 88년 "프로이싸그" 이사로 발탁되었다. 그 이외에도 그는, 파리소재 "Algeco S.A."사의 감사, 런

던소재 "Amalgamated Metal Corp. PLC"사의 Chairman of the Board, 킬소재 "호팔트"사의 감사 등을 겸임하고 있다. 저서로는 1979년의 "비 사유의 전제조건으로서의 공익"이 있으며, 교육학을 전공한 부인과 79년 결혼했다.

○ "프로이싸그"는 1923년 국영기업 "프로시아 광산 재련 주식회사"란 이름으로 설립됐다. 48년 독일의 화폐개혁이후 기업이 급격히 확장되어 59년에는 부분 불하가 이루어졌다. 64년에는 "프로시아 광산 재련 주식회사"가 "프로이싸그"로 명칭이 바뀌었으며, 66년 뒤셀도르프소재 "콜렌조이레산업"을 인수하므로서 소비재산업에로의 문도열었다. 60년대 하반기에는 국내의 광산, 재련소, 알미늄회사들을 인수, 혹은 자본참가하고, 73-74년에는 이태리와 호주에 자회사를 설립했다. 89년에는 "잘쯔기터"사의 흡수를 완료했다.

○ "프로이싸그"의 연간 경영실적

(단위 : 백만마르크)

	1990/91	1991/92
매출고	25,455	24,474
－해외수출(%)	47	45
기업이윤	425	440
투자	1,165	1,348
자본총계	13,613	14,029
자기자본	3,049	3,315
자기자본비율(%)	22.4	23.6
종업원(명)	71,654	73,680
인건비	5,064	5,484

본사 : 주소 : Karl-Wiechert Allee 4, 30625 Hannover
　　　Fax : (0511)-566 1901
　　　Tel : (0511)-566 00

프로이싸그 본사

독일의 50대 기업 ⑲ :

레페 쩬트랄(REWE Zentral)

○ "레페 쩬트랄"(REWE Zentral)은, 1972년 "레페"구룹 기업들의 개혁으로 인하여 "레페 젠트랄 수입"(47년 설립)이 개칭되어 설립되었으며, 본부는 쾰른에 있다.
○ "레페 쩬트랄"은 1990년 연간 매출고가 187억 마르크에 달했으며, 91년에는 다시 252억 마르크로 1년만에 독일의 제25위 기업에서 19위로 부상했다.
○ 대 동독지역 진출을 위해서는 93년 여름 드레스덴 근처의 뤼싸이나에 2억 마르크를 투자하여 동독지역 지사를 건설중이며, 동 투자에는 동독지역의 작센주가 10%의 주정부 보조금을 지원했다. 동 건물이 완공되면 1,000명의 고용창출효과를 가져올 것이다.
○ 동 지사가 93년 동독지역에서 목표로 하고 있는 매출고 14억 마르크는 97년에는 30억 마르크로 배이상 증가할 것이다. 또한 동지사가 완성되면 작센주를 중심으로 160개의 슈퍼마켓이나 디스카운트들이 신설되어 6,000종의 생필품을 공급할 뿐만 아니라, 독일의 동쪽에 위치한 동 동독지역 지사는 대 동구진출

의 거점이 될 것이다.

○ 93년 동독지역에 있는 연쇄점수는 530개이며 종업원수 11,000명에, 총 매출고는 전년비 18% 증가인 46억 마르크로 예상하고 있다. 94년에는 동독지역 점포수가 1,000개로 확대될 것이다.

○ 이와같이 구럽의 국내에서의 지위 고착이 예상외로 빠른 시일 내에 무리없이 진척되자, "레페 쩬트랄"은 국내시장에서의 성장의 한계성을 극복하기 위하여 해외진출에도 눈을 돌리고 있다. 이러한 해외진출에서 협동조합적 성격을 가진 "레페 쩬트랄"은 디스카운트시장과 같은 가격공격적인 판매유형에 집착하며, 독일의 시장분석가들도 Cash + Carry와 같은 염가시장들이 유럽을 휩쓸것으로 본다.

○ 이미 "레페 쩬트랄"은 93년 4월에 런던의 연쇄슈퍼마켓 "Budgens plc"에 26.3%의 자본참가를 하므로서 영국에 발을 디뎠다. Budgens는 100개의 연쇄점에 연간 매출고가 2억 9천만 파운드이며, 기업분석 전문가들에 의하면 연간 기업이윤이 6백만 파운드이다. "레페 쩬트랄"의 라이쉴(Hans Reischl)이사장에 의하면, 이러한 "섬나라"진출은 첫걸음이며, 앞으로 확장 여지가 크다. 영국에는 현재 1,000개 가량의 디스카운트시장이 있는데 반하여, 독일에는 8,000개를 능가하고 있다.(알디(Aldi)는 70개 가량의 연쇄점을 영국에 갖고있다.) "레페 쩬트랄"은 국내 경쟁사들인 알디(100여개 진출), 리들(Lidl, 150개 진출)이 이미 진출해 있는 프랑스 진출도 계획중이며, 벨기에 접경지역에서 장소를 물색중이다. 또한 스페인진출도 적극추진 하고 있으며, 스페인기업의 인수를 노리고 있다.

○ 이와같이 독일의 유통업계의 해외진출이 독일의 서방 및 서남부가 되는 것이 추세인데 비하여, "레페 쩬트랄"의 이태리, 그리스 진출은 장기계획이다. 라이쉴이사장은, CIS국들에 cash +

carry시장을, 그리고 첵코에 cash+carry도매상을 진출시킬 계획이라고 밝혔다.

본사 : 주소 : Domstraße 20, 50603 Köln

　　　Fax : (0221)-149 248

　　　Tel : (0221)-149 0

통독후 동독지역에서 식료품 도매상 설립으로 소매상들의 기반을 다지는데 공헌하고 있는 식료품 연쇄점 레페 쩬트랄사

독일의 50대 기업 ⑳ :

만네스만(Mannesmann)

○ "만네스만"(Mannesmann)은 매출고기준 90년 15위였으나 91년 20위의 독일 산업기업으로서, 독일 국내외에서 400개의 기업에 50% 이상의 자본참가로 영향을 미치고 있다. 주종분야는 기계, 설비, 자동차공학, 전자공학, 원자재, 철강, 강관, 통신공학, 자체생산품 혹은 이와 동종의 및 관련 타사품목의 유통·서비스업이다.
○ 모 회사는 1890년 베를린에서 설립된 "독일·오지리 만네스만 강관공장"으로서, 코모타우소재 "만네스만 강관공장"과 렘샤이드소재 "라인하르트 만네스만"사가 합병하여 3,500만(독일국) 마르크로 창립됐다. 1893년 본사를 오늘의 본사인 뒤셀도르프로 옮겼으며, 1908년에는 "만네스만 강관공장"으로 바꿨다. 1차대전까지 철강분야의 활동을 확장하여 고급품의 압연강을 공급하였으며, 대전중에는 강관, 강판생산이외에도 기계공업 생산기업을 인수했다.
○ 2차대전으로 동독지역의 공장을 잃었으며, 해외 자산을 상실했고, 서독지역 공장들은 해체됐다. 1952년에는 뒤셀도르프에

"만네스만"과 "철강산업/기계공업"사와 겔젠킬헨에 "콘졸리다시온 광산"이 재설립되어, 55년 "만네스만"으로 통합됐다. "만네스만"은 전신 "만네스만 강관공장"의 전통에 따라 미국, 브라질, 카나다, 터키에 독립된 생산 및 유통회사들을 설립했다. 해외투자만이 아니라 국내 회사들의 흡수는 더욱 활발하였으며, 특히 74년에는 두이스부르크소재 "데마그"를 자본참가로서 지배했다. 77년엔 국내외의 유통업이 "만네스만 유통"으로 총괄됐다. 86-87년에 걸쳐 뮌헨소재 "피시에스 컴퓨터 시스템"과 칼스루헤소재 "프로카드"사를 인수하므로서 자료처리공학에의 길이 열렸으며, 89년에는 "만레스만 이동통신"이 설립되어 이를 중심으로 국제 컨소티움을 형성하여 독일 체신부로부터 이동통신 "D2"의 설립 및 운영에 관한 특허를 획득했다.

○ 자동차공학에 관한 활동은 88년 슈바인푸르트소재의 "피힛텔과 작스"사의 인수로 확장됐다. "만네스만"의 자동차공학에 대한 수년간의 투자는 성과가 없는 것으로 전해지고 있으며, 반면 아시아 아메리카의 성장지역에 대한 경영전략에 치중하고 있다. 92년 북미에서의 매출고는 28억 마르크이며, 93년은 36억 마르크로 예상한다. 동아시아에서는 92년 25억 마르크에 이어, 93년은 30억 마르크의 매출고를 "만네스만"은 예상하고 있다. 이들 해외시장에서도 기계, 설비, 자동차공학을 중점 육성하고 있다.

○ 93년 상반기 만네스만의 총 매출고는 128억 마르크로서 전년 동기비 수준이나, 생산주문은 동기간에 7% 감소하여 140억 마르크이다.

○ "만네스만"의 디터(Werner H.Dieter)이사장은 독일의 인건비에 대하여 100마르크의 생산비 중 35마르크가 인건비라고 하면서 비교할 수 있는 품질생산의 경우 이는 미국에서는 22.4마르크,

멕시코에서는 2.4마르크라고 했다. 그러나 무조건 생산의 해외이전은 무리이며, 산업유치를 위해서는 법율, 하부구조, 비용등 부대조건이 중요함을 상기시키면서, 독일에는 고수준의 노동력, 하부구조, 건전한 중소기업비율, 기술의 다양성이 있다고 했다. 이를테면 고도의 기술수준을 요하는 자동화공학의 신개발은 독일이 유리하다고 한다.

○ "만네스만"의 주종분야별 매출고 1992년

(단위 : 백만마르크)

	매출고	종업원(명)
기계, 설비	12,672	54,318
자동차공학	6,531	39,569
전자공학	1,461	9,678
통신공학	138	1,615
강관	4,337	25,197
유통업	3,904	2,793
"만네스만" 전체	28,018	136,747

○ "만네스만"의 연간 경영실적

(단위 : 백만마르크)

	1990	91	92
매출고	23,943	24,315	28,018
－국내	16,610	17,147	19,572
－해외	7,333	7,168	8,446
종업원(명)	123,997	125,188	136,747
－국내	89,976	91,996	97,703
－국외	34,021	33,192	39,044
인건비	8,034	8,252	9,952

투자액	1,281	1,474	1,870
연구개발비	691	683	983
자본총계	18,146	19,668	20,729
자기자본	6,186	6,757	6,883
기업이윤	464	263	63

○ "만네스만"의 주종분야별 연구개발비

(단위 : %)

연구개발비 총계	100%
－기계, 설비	25
－자동차 공학	30
－전자	3
－통신공학	26
－강관	12
－유통 및 기타	4

본사 : 주소 : Mannesmannufer 2, 40213 Düsseldorf
      Fax : (0211)－820 2554
      Tel : (0211)－820 0

116 독일의 50대 기업

독일의 대표적 강관생산업체인 만네스만사의 본사 전경

독일의 50대 기업 ㉑ :

피아그(VIAG)

○ "피아그"(VIAG)는 우리나라의 재벌형태의 혼합콘체른으로서 기업활동을 에너지, 알미늄, 화학, 유리, 금속포장, 내연상품, 유통, 운송의 8개부문에 분산하므로서 경기침체를 잘 극복하고있다. 1992년의 기업이윤은 전년의 기록적인 기업이윤인 4억 500만 마르크에는 달하지 못했지만, 8%감소인 3억 7,100만 마르크에 이르러 독일의 여타기업들과 대조적이다.

○ 1992년 "피아그"의 매출고는 전년비 3% 증가한 243억마르크였으며, 93년 1/4분기에는 전년 동기수준인 61억 1천만 마르크이다. 92년 매출고를 "피아그"의 8대 주종분야별로보면, 유통업 3%, 알미늄 22%, 에너지 및 금속포장이 각 14%, 화학 7%, 내연생산품 6%, 유리 4%, 운송업 3%이다.

○ 93년의 매출고 발전은 주종분야에 따라 서로 상이한 발전을 보이며, 에너지, 화학, 운송업은 만족할만한 매출고 증가가 예상되나, 여타 5개 주종분야는 어려움이 전망된다. 알미늄생산은 가격하락으로, 내연생산품은 유럽시장의 수요침체로 매출고 발전이 만족하지 못하다. 유리, 금속포장분야에도 공급가격과

결부된 수익성이 낮으며 유통업은 유럽 철강 및 기계분야의 침체로 영향을 받고있다.

○ 국영기업에서 출발한 "피아그"가 추진하여 온 "바이에른페르크"와의 합병이 93년 여름에 이루어짐으로서 "피아그-바이에른페르크"구럽이 탄생하여 "피아그"의 본사가 본에서 뮌헨으로 옮겨올 것으로 계획되어있다. "바이에른페르크"는 독일 제3의 에너지공급업체로서 92년 매출고 64억 마르크에 종업원 9,700명의 기업으로서 "피아그"와의 합병이 시도되었으나, 바이에른주의 신임 슈토이버(Edmund Stoiber)주 수상이 취임한후 양사의 합병이 실현되었다. 바이에른주가 58% 자본참가하여 있는 "바이에른페르크"는, 전임 슈트라이블(Max Streibl)바이에른 주 수상때까지는 동 사에 대한 바이에른주의 영향력을 행사하기 위하여 합병이 거부되었다. 이번의 합병으로, 바이에른주는 "바이에른페르크"에 대한 자본참가를 35%로 낮추었으며, 자본참가비율의 장기적 목표는 25%라고 바이에른주의 주 재무장관 폰 팔덴펠스(Georg von Waldenfels)는 말했다.

○ 양 사는 장기간 서로 협력관계에 있었으며, 양사 50%씩 공동투자로 "파우베베"사를 갖고 있었으며, "파우베베"사는 유통업계의 자회사 "클뢱크너"이외에 유리생산업체 "게레스하임어 유리"에 51% 자본참가했다. 이번 합병된 "피아크-바이에른"사의 앞으로의 운영은 "피아그"사의 사장인 파이퍼(Alfred Pfeiffer, 61세)가 이끌 것이다.

○ 이와같이 "피아그"와 "바이에른페르크"가 합병하여, 바이에른주가 "바이에른페르크"사의 자본지배를 포기하고 소유주식을 낮추는 것은 독일의 연방과 주정부들이 재정적자를 삭감하기 위해 취해지는 방침으로 보인다. 바이에른주는 재정부담이 가중된데다 경기악화에 따른 세금수입 감소로 "바이에른페르크"에 대한 소유주식 매각이 불가피 했다.

○ "피아그"사의 연간 경영실적

(단위 : 백만마르크)

	1990	91	92
매출고	19,423	25,587	24,311
－수출비율(%)		46	48
인건비	3,017	4,311	4,690
투자액	1,098	1,701	1,838
자본총계	15,209	18,891	20,540
자기자본	3,852	4,251	4,108
기업이윤	336	405	371
종업원(명)	55,848	74,122	84,548

본사 : 주소 : Postfach, Bonn
     Fax : (0228)－552 2122
     Tel : (0228)－552 01

피아그의 이사진

독특한 경영방식으로 탄탄한 흑자경영을
구가하고 있는 피아그사의 본사 전경

독일의 50대 기업 ㉒ :

포드(Ford)사

○ "포드"(Ford)사는 승용차, 콤비자동차, 소형 화물차를 주로 생산하며, 자동차 엔진 및 부품과, 또한 산업용 엔진 및 기계의 부품을 생산한다. 나아가 승용차, 화물차의 판매업도 펴고 있다. "포드"는 물량에서나 대수에 있어서 독일의 주요 자동차 생산업체이며, 독일의 신규등록차량에서 차지하는 비율은 91년 9.9%, 92년 10.2%로서, "폴크스봐겐", "오펠" 다음의 제3의 위치에 있다.

○ "포드"사의 시작은 1925년 베를린에서 "Ford Motor Company"가 설립되면서이며, 26년 부터는 베를린에서 "T"모델이 조립되었다. 28년부터는 "A"모델이 베를린에서 생산되었으나, 31년 쾰른공장의 완공으로 생산이 쾰른으로 이전됐다.

○ 56년에는 필프라트공장이, 62년엔 벨기에의 겐크공장이 설립됐다. 67년 "Ford of Europe incorporated"가 창설되고, 68년 뒤렌공장과 자르루이스공장이 설립됐다. 82년에는 베를린 공장이 세워졌다. 현재의 본사는 쾰른에 소재한다.

○ "포드"의 총 자동차 판매 대수

	1991	92
총 판매 대수	1,026,773	962,936
－수출비율(%)	53.0	60.7

○ 독일의 연간 신규등록 승용차 대수

(단위 : 천대)

	1991	92
서독지역	3,255	2,969
동독지역	705	749
독일전체	3,960	3,718

○ "포드"사의 연간 경영 실적

(단위 : 백만마르크)

	1991	92
매출고	22,360	22,002
자본총계	8,531	8,913
자기자본	1,305	836
기업이윤	142	－469
투자액	1,599	1,797
인건비	4,332	5,090
종업원(명)	48,171	47,670
－생산직	38,903	38,849
－사무직	8,279	7,788
－피교육자	989	1,033

본사 : 주소 : Henry-Ford-Straße 1, Köln
　　　Fax : (0221)-71 4538
　　　Tel : (0221)-71 0

포드(Ford) 사 **123**

포드공장

포드 본사

독일의 50대 기업 ㉓ :

도이췌 셸(Deutsche Shell)

○ "도이췌 셸"(Deutsche sheel)의 주종분야는 석유, 가스, 기타에너지, 화학, 금속, 기타 채광업 및 운송업이며, 특히 석유, 가스, 채광업의 생산과 석유, 채광업, 화학 및 이들의 부산물의 가공, 저장, 개발, 판매에 특화하여있다. 해외거래에 있어서는 "Royal Dutch Shell"이 전세계적으로 자체 판매망을 보유하고 있으므로, "도이췌 셸"은 인접국에 대한 보충공급이나 국제적 벙크업에 에너지를 공급하고 있다.
○ "도이췌 셸"의 매출고는 91년 217억 마르크였으며, 92년은 219억 마르크로, 종업원수 3,280명으로 본사는 함부르크에 있다.
○ "도이췌 셸"의 모기업인 "벤진공장 레나니아"는 1902년 뒤셀로르프에서 창설되어, 1913년 역시 뒤셀도르프에서 설립된 "석유공장 레나니아"와 1917년 합병했다. 다시 "유류공장 슈테른존네봄"과 합병하여 25년 기업명을 "레나니아 옷사그 석유공장"으로 변경한후, 본사를 뒤셀도르프에서 함부르크로 옮겼다. "레나니아 옷사크 석유공장"은 합병으로 라인강지역의 몬하임, 라이스홀쯔, 함부르크시의 그라스브로크, 빌헬름스부르크, 그리

도이췌 셸 (Deutsche Shell)

고 자르강지역의 프라이탈에 공장을 갖고 있었다.
- 대전후 47년 기업의 명칭이 다시 변경되어 "도이췌 셸"이 되어 오늘에 이르고있다. 58년 함부르크의 정유공장 완공에 이어, 60년 라인강 지역의 고도르프소재 정유공장이 완공됐다. 로테르담-라인간의 송유관이 58년 시공되어 60년 완공됨으로서 고도르프의 셸 정유공장을 포함한 서독의 정유공장에 원유 공급을 했다. 63년에는 인골슈타트 정유공장과 "도이췌 셸"이 48% 자본참가한 슈트라스부르크의 라이슈타트소재 정유공장이 가동됐다. 73년 처음으로 해외에서의 원유 및 가스개발 분야에 기업활동을 확장하였으며, 74년에는 독일 최대의 유조선 (양자 모두 각 31만 7천톤) "라게나", "리오티아"를 "도이췌 셸"이 인수했다. 리오티아는 1년후 양도 했다.
- 77년에는 석탄분야에도 기업활동을 확장하였다. 82년 인골슈타트정유공장이 문을 닫고, 83년부터 쾰른지역의 고도르프 정유공장이 확장됐다. 84년에는 함부르크에 윤활유 공장이 엠덴에 가스터미널이 완공됐다.
- 85년 "도이췌 셸"은 기구개편으로 6개 판매 센터, 3개의 서비스센터, 1개의 정유센터가 있다. 86년부터 "도이췌 셸"의 유조선들이 리베리아 국적선으로 바뀌어 운행되고 있다.
- "도이췌 셸"의 신임 던칸(Peter Duncan)이사장은, 93년부터 기업의 재무구조 견실화를 위하여 긴축금융 전략을 취하고 있다. 석유화학분야의 침체로 구조전환이 불가피한 것으로 보며, 95년까지 연간 1억5천마르크의 비용감축을 계획하고 있다. 자재비 절감이외에 인력감축도 예상되며, 93년 3,270명의 종업원은 2,500-2,600명 선으로 줄어들 것이다. 생산 및 사무직에 같이 해당될 감원은 조기 연금체재로서 실행될 것이다. 이렇게 함으로서, 과잉설비, 수요감소, 높은 비용수준, 경쟁력 약화, 마진감

소의 문제점을 해결할 것으로 본다.
○ 뉴질랜드 태생으로 세계방방곡곡의 "셀"에서 잔뼈가 굵은 던칸 이사장이 92년 "도이췌 셀"로 부임하면서 기업이 비용통적이고 관료적이라고 꼬집었다. "도이췌 셀"이 다른 기업에 비하여 통제체재가 너무 중첩되어 구축되 있다고 했다. 감원은 이사, 부장급에서도 똑같이 실행될 것이라고 말했다. 그의 두번째 비판은 독일적인데 대한 것이 아니라, "셀"에 대한 것이다. 지금까지 "셀"은 유리한 가격보다는 생산품의 질이나 기술적 서비스에 치중했다. 최고의 능율만으로 오늘날 더 이상 고객의 명예를 차지할 수 없으며, 품질과 비용사이의 경쟁에 놓여있다고 그는 말했다. 고객들의 높은 요구를 충족시켜야 하지만, 그들이 지불할 각오가 되어있지 않는 비용이 생겨서는 곤란하다고 본다. 그는 이러한 적응을 위한 기업문화가 필요한 것으로 보며, 비용절감의 급격한 대책이후에는 이보다 덜 극적인 후속조치들이 계속될 것이며, 비용절감은 시작에 불과하다고 했다.
○ "도이췌 셀"의 연간 경영 실적

(단위 : 백만마르크)

	1991	92
매출고	21,745	21,909
연구개발비	55.3	48.6
투자	347	397
기업이윤	548	416
종업원(명)	3,294	3,282
인건비		
－직접인건비	319	338
－사회부대비용 및 연금	188	243
주요소(개)	1,692	1,711
자회사(개)	3,695	3,761

○ "도이췌 셸"의 연간 주종품목 판매량

	1990	91	92
석유생산품 (백만톤)	19.4	20.1	20.3
천연가스 (억 m^3)	75	78	78

본사 : 주소 : Überseering 35, 22297 Hamburg
      Fax : (040)−632 1051
      Tel : (040)−632 40

셸 마크

도이췌 셸 자료실

도이췌 셸 (Deutsche Shell) **129**

도이췌 셸 근무실

"비만한 기업구조를 경량화하자"는 구호아래 개혁을 시작한 도이췌 셸 본사

도이췌 셸 본사 전경

독일의 50대 기업 ㉔ :

에르 페 에-데아(RWE-DEA)

○ "에르 페 에-데아"(RWE-DEA)는, 90년 매출고 178억 마르크로서 26위 기업이였으나, 91년 212억 마르크의 매출고로서 24위이다. "에르 페 에-데아"는 88년까지 "도이췌 텍사코"로 불리었으나, "에르 페 에"(RWE, 독일 제6위 기업)가 21.9억 마르크에 인수하여 다음해인 89년 "에르 페 에-데아"로 변경되었다. 기업활동은 원유, 천연가스의 탐사, 개발이며, 석유화학제품의 생산과 유통을 하고 있다. 시추, 취득, 가공, 유통, 운송, 연구, 응용공학을 활동분야로 하며, 업종을 화학, 서비스업에도 확장시키고 있다. 본사는 함부르크에 있다.

○ "에르 페 에-데아"의 역사는 1899년 "도이췌 심층보링"이 설립되면서이다. 처음에는 주로 가리, 갈탄의 탐사의 개발을 했으나, 나중에는 원유에도 관심을 가졌다. 1911년에는 "데아" (Deutsche Erdöl-Aktiengesellschaft)로 변경됐다. 1923년 갈탄 채광업이 주종인 "광산 그라프 비스마르크"를 인수하고, 37년 "에델레아누"사를 인수했다.

○ 2차대전으로 동독지역과 해외재산을 잃었으며, 서독지역 설비

가 완전히 파괴되었다. 47년 본사를 베를린에서 함부르크로 옮긴후 49-50년 간 함부르크에 윤활유 정유공장과 새로운 연구소를 설립했다. 51년 킬소재의 유지생산업체 "하름젠"을 인수하고, 59년 채광, 화학기업인 "라인프로이쎈"과 "홈베르크"에 자본참가 했다. 61년에 칼스루헤소재 "라인-도나우 파이프라인"에 자본참가하고, 석유화학분야에의 기업활동확장을 위하여 미국 휴스턴소재 "Continental Oil Company"와 합작으로 엘베강 하류에 "콘데아 석유화학"을 설립했다. 64년에는 이태리, 오지리기업과 함께, 이태리의 트리에스테에서 알프스를 지나 독일의 인골슈타트까지의 원유 파이프라인 건설에 참가했다.

○ 66년 뉴욕의 "텍사코"의 독일 자회사인 "도이췌 텍사코"가 "데아" 주식의 97%를 인수했으며, 70년 "데아"는 "도이췌 텍사코"로 됐다. 85년 "세브론석유"를 완전흡수했다.

○ 88년 "에르 페 에"사가 미국의 "텍사코"로부터 "로이췌 텍사코"의 주식 99.12% 인수하고, 89년 "도이췌 텍사코"는 "에르 페 에-데아"로 명명되었다. "에르 페 에-데아"는 91년 미국 휴스턴소재 "VISTA Chemical Company"를 인수했다.

○ "에르 페 에-데아"사의 연간 경영실적

(단위 : 백만마르크)

	1990	91	92.상반기
매출고	17,828	21,208	10.295
―석유생산품	12,780	15,116	7,459
―원유천연가스	2,869	3,412	1,140
―석유화학생산품	1,280	1,187	564
―화학생산품	660	1,225	999
―기타	239	268	133
자본총계	4,941	5,545	5,817

자기자본	1,490	944	1,067
기업이윤	62	5	
투자액	389	462	246
종업원(명)	5,428	7,243	7,292
인건비			
－직접인건비	513	305	
－사회부대비용 및 연금	210	106	

○ "에르 페 에－데아"사의 연간 생산량

	1990	91	92.상반기
원유(백만톤)	3.9	3.7	1.8
－국내	0.6	0.6	0.3
－국외	3.3	3.1	1.5
천연가스(백만 m³)	709	847	416
주유소수(개)	1,861	1,820	1,854

본사 : 주소 : Uberseering 40, 22297 Hamburg
      Fax : (040)－637 534 96
      Tel : (040)－637 50

134 독일의 50대 기업

에르 페 에―데아 본사

에르 페 에-데아의 원유 터미날

에르 페 에-데아사의 천연가스 생산을 위한 시추 설비

독일의 50대 기업 ㉕ :

메탈게젤샤프트(Metallgesellschaft)

○ "메탈게젤샤프트"(Metallgesellschaft)는, 광석, 광물, 금속, 화학 및 철물생산물을 위한 채취, 생산, 가공 유통업을 주로한다. 환경공학에 비중을 둔 산업설비, 용광로 생산, 상하수도 설비, 산업쓰레기 처리, 특수 화학제품의 화공학적 절차에 의한 개발 및 폐기처리, 온난방공학, 주물, 폭약, 합성수지 생산용 모형, 산업도자기, 자동차 부품, 자동차 안전장치, 기계공업, 은행, 금융업, 보험, 해운 운송업, 부동산업, 구상무역대행업을 하는 "혼합 콘체른"이다. 1990/91년(90. 10. 1일-91. 9. 30일)연간 매출고 212억(211.8억) 마르크로서 "에르 페 에-데아"다음 독일의 25위 기업이다. 본사는 프랑크푸르트에 있다.

○ 모 기업이 처음 설립된 것은 1881년이며, 처음에는 비철금속 유통업을 하였으나, 점차 광석 및 철물에로 업을 확장하여, 채광업, 야금업, 금속가공업에도 자본참가를 하였었다. 1897년에는 "메탈루기세 게젤샤프트"를 설립하였으며, 1906년에는 수개의 은행들과 합작으로 "채광, 금속은행"을 설립하여, 1910년에는 "메탈루기세 게젤샤프가"가 "채광·금속은행"에 흡수되어,

회사명이 "금속은행·메탈루기세 게젤샤프트"로 됐다.
○ 1928년에는 "메탈게젤샤프트"와 "금속은행·메탈루기세 게젤샤프트"가 합병되어 전통적인 상호인 "메탈게젤샤프트"가 됐다.
○ 2차대전후 채광업, 야금업, 제철소에 자본 참가하였으며, 폴란드의 슐레지아 지역에 1971년 채광업 및 아연야금업에 투자했다. 1972년 "자하트레벤"사를 흡수했으며, 80년 금융·신용부문이 독립되어 "금속은행"이 설립됐다.
○ 1985년에는 국제 구상무역업을 대행하기 위해서 뉴욕에 "메탈게젤샤프트 Services Company"가 설립됐다. 1986년에는 뉴욕 소재 자회사인 "메탈게젤샤프트 Corp."가 처음으로 원유유통업에 손을 댔다. 1985-86년에는 카나다에 합작회사를 설립하고 자본참가했다. 특히 1988년 이후에는 독일국내와 북미에서 주식의 이전거래가 활발하여 "메탈게젤샤프트"의 구조가 재정립됐다. 1993년엔 뉴욕에 "메탈게젤샤프트 Capital Corp."이 설립됐다.
○ 또한 1993년에는 "메탈게젤샤프트"가 70% 자본참가한 카나다의 채광·야금기업인 "Metall Mining Corporation"(MMC)가 함부르크소재 구리광산업에 35% 자본참가하므로서, 구리부문에 활동을 확장하고 있다. 이밖에 "MMC"사는 이미 오지리의 구리재생업체인 "브릭스레그"에 40% 자본참가하여 있다.
○ 함부르크의 이 구리광산업은 1992년 생산량 약 35만톤에, 매출고 20억 마르크이상으로서, 종업원 약 2,700명으로, 유럽굴지의 업체이다. 동 업체에는 MMC를 통한 "메탈게젤샤프트"의 자본참가 이외에 "데구싸"(91년 독일의 47위 기업)가 30%자본참가하고, 나머지는 다시 MMC와 연관 되어있는 호주의 굴지의 채광업체인 "Mount Isa Mining"사가 했다. 또한 "MMC"는 북미에서 구리분야에서 기업활동을 확장하므로서, "메탈게젤샤프트"의 구리에 대한 관심은 지대하다.

○ "메탈게젤샤프트"는, 특히 아시아, 중남미, 동구와 같은 형성되는 새로운 시장에 있어서의 주택건설, 하부구조, 통신망의 확장으로 구리가격의 전망이 좋은 것으로 본다. 이로서 침체주기를 계속하고 있는 비철금속의 가격은 호전될 것이라고 했다. MMC사는 자회사를 통하여 북미에서 구리와 아연을 생산하고 있으며, 터키에서도 구리, 아연, 금을 채광하고, 튀니지아에서의 아연, 납 채광도 준비중이다.

○ "메탈게젤샤프트"는 환경메니져먼트에도 기업활동을 집중하고 있으며, 연간 경영실적과 별도로 보고되는 사회실적에 더하여 환경서비스실적을 발표하므로서 선구적 위치에 있다. 쉼멜부쉬 (Heinz Shimmelbusch)이사장은 "cost effectiveness"를 강조하며, 밀턴 프레드맨의 "기업의 윤리는 이윤추구"에 덧붙여 "가능한한 환경공해가 적게"라고 말했다.

○ "메탈게젤샤프트"는 특히 리사이클링에 집중하며, 납, 아연, 구리의 재생뿐만 아니라 리듐, 철의 리사이클링으로 원료 충당을 한다.

○ "메탈게젤샤프트"의 연간 경영실적

(단위 : 백만마르크)

	1989/90	90/91	91/92
매출고	19,827	21,180	25,558
－해외비율(%)	61	62	60
기업이윤	262	179	64
투자	902	1,925	3,288
종업원	29,995	35,790	55,906
자본총계		13,219	17,589
자기자본		3,500	3,672

본사 : 주소 : Reuterweg 14, 60271 Frankfurt/M
  Fax : (069)－159 2125
  Tel : (069)－159 0

메탈게젤샤프트 (Metallgesellschaft) **139**

90년대 들어 환경분야로 눈길을 돌리고 있는 독일 최대
비철금속회사인 메탈게젤샤프트사 본사

독일의 50대 기업 ㉖ :

페바 욀(VEBA OEL)

○ "페바 욀"(VEBA OEL)은 원유와 석유화학 생산품을 주종으로 하는 기업으로서, "페바"(독일의 제5위기업)구룹에 속한다. 91년 "페바 욀"의 매출고는 207억 마르크이나, 유통, 서비스부문의 자회사 "라아브"(독일의 제56위기업)의 매출고를 제외하면 137억 마르크이다. "라아브"는 93년부터 "페바 욀"에서 완전 독립하여 "페바"사의 구조전환을 거쳐 "페바"에 직접속한다.

○ "페바 욀"의 뿌리는 1935년 "히베르니아"사가 설립한 "수소공장 숄펜"에 있다. 창설과 동시에 "수소공장 숄펜"은 "질소공장 숄펜"을 흡수했다.

○ "수소공장 숄펜"은 1950년 "숄펜화학"으로 개명된후, 69년 다시 "페바화학"으로 기업명이 변경됐다. "페바화학"은 78년 또 다시 주주총회의 결정에 따라 "페바 욀"로 명칭변경을 가져왔다.

○ "페바 욀"은, 알찬기업으로 알려진 유통, 서비스 업의 "라아브"가 떨어져 나가면서, 홀로서기를 다시 시작하여야 한다. 침체한 석유화학 분야는 93년 연초이래 에칠렌과 프로필렌의 가격이

회복됨으로 다소 생기를 찾고 있으며, 특히 동독지역소재의 기업이 견실해지고 있다. 구 동독의 정유공장을 인수한 기업이 "페바 욀"과 "에르 페 에-데이"사이며, "페바 욀"은 동독지역에서의 비용절감을 이룩했다. "페바 욀"이 인수한 동독지역 슈페트소재 정유공장의 종업원은 91년 인수당시 약 5,000명이였으나, 93년 연말까지는 절반 이하인 2,300명으로 예상하고 있다. "페바 욀"은 슈페트에 96년까지 총 15억마르크상당의 투자를 투입할 계획이나, 극히 빨리 발달되고 있는 동독지역에서의 환경의식 때문에 설비투자의 건설이 지연되고 있다고 헤네카(Hubert Heneka) 이사장은 말했다.

○ "페바 욀"은 중유부문의 설비건설 프로젝트에 대하여 베네쥬엘라 기업과 협상중이다. 50억 달러 상당의 프로젝트에 "페바 욀"이 참가하는 조건은, 위험부담을 줄이기 위한 컨소티움 형성과 베네쥬엘라사 원유에 대한 거래관계 개척으로 알려져있다.

○ "페바 욀"의 연간 경영실적

(단위 : 백만마르크)

	1990	91	91[1]	92
매출고	17,292	20,680	13,743	14,134
자본총계		6,775	4,607	4,145
자기자본	1,403	1,666	1,557	1,136
투자액	591	726	214	258
기업이윤	235	303	247	107
종업원(명)	21,480	27,164	6,419	6,662
인건비	1,452	1,701	654	661

1) 91년 이후는 "라아브"사 제외

○ "페바 욀"의 연간 생산고

	1990	91	91[1]	92
원유생산 (백만톤)	5.4	5.5	5.5	5.8
천연가스 (억 kW/h) (백만 m^3)	72 653	99 894	99 894	93 844

1) 91년 이후는 "라이브"사 제외

본사: 주소 : Alexander-von-Humboldt-Straße, Gelsenkirchen
　　　Fax : (0209)-366 7820
　　　Tel : (0209)-366 1

페바 욀(VEBA OEL) **143**

수소서 출발 독일 석유화학의 대부가 된 페바 욀이
북대서양에 설치한 석유시추 도크

독일의 50대 기업 ㉗ :

아스코(ASKO)

○ "아스코"(ASKO)사는 1990년 연간 매출고가 121억 마르크로서 독일의 48위 기업이였으나, 91년 이는 199억 마르크에 달하여 매출고 기준 독일의 27위이다. "아스코"의 활동분야는 식료품 및 비식료품분야의 도·소매업을 하며, 여타의 도·소매업 및 서비스업에 자본참가하고 있다. 본사는 자르브뤼켄에 있다.

○ 모 기업인 "아스코 자르팔츠. 소비자 협동조합"은 1972년 "아스코 식료품연쇄. 백화점"으로 개명과 함께 유한책임회사에서 주식회사로 되었다. 76년에는 "아스코 도이췌 셀프서비스 백화점"으로 되고, 77년에는 다시 오늘과 같은 "아스코 도이췌 백화점"으로 명명되었다.

○ 79년부터는 레져산업분야에 기업활동을 확장하고, 벨기에 기업과의 Joint Venture로 건자재시장 진출도 확대했다.

○ 80년대에는 기성복 분야의 메이커들과 Joint Venture를 설립하고 흡수하며, 식료품 분야에도 자본참가를 확대했다. 또한 대외진출도 확대하여 미국, 네델란드에 투자하고, 벨기에의 2개 국영기업과 2개의 Joint Venture "ASKO UNIMAG", "ASKO

DENIZA"를 설립했다.
○ 1991년엔 "코오프"사의 주식 7%를 인수하고 스위스의 로잔소재 "아디아"사의 자본을 지배했다. 또한 91년에는 기업구조가 재편되어, 셀프서비스 백화점, 식료품 연쇄소매업, 식료품 도매업, 건자재상, 가구상으로 구분되었다. 이러한 구조개편으로 각 활동분야마다 주식상장을 추진하고 있다.
○ "아스코"사의 연간 경영실적

(단위: 백만마르크)

	1990	91	92. 1. 1 – 9. 30
매출고	12,114	19,899	15,948
－셀프서비스 백화점	5,423	5,668	4,129
－식료품분야	2,437	8,348	6,975
－건자재분야	1,716	1,948	1,678
－가구분야	1,111	1,305	1,000
－유행의류분야	1,032	1,099	748
－기타	395	1,531	1,418
소비시장수(개)	417	1,409	1,252
－셀프서비스 백화점	98	103	98
－식료품분야	99	1,073	904
－건자재분야	116	119	125
－가구분야	53	56	61
－유행의류분야	51	58	64
－기타			
종업원(명)		68,417	68,654

자본총계	9,995	9,006
자기자본	1,074	315
투자액	1,315	762
기업이윤	6	−462

본사 : 주소 : Mainzer Straße 180−184, 66121 Saarbrücken

　　　Fax : (0681)−810 4281

　　　Tel : (0681)−810 401

아스코 본사

독일의 50대 기업 ㉘ :

엠아엔(MAN)

○ "엠아엔"(MAN)은 실용차량(승용차에 대한 대칭개념), 기계, 설비를 주종 생산품으로 하며 유통분야에도 활동하는 기업이다. 매출고기준 1989/90년(89. 7. 1.–90. 6. 30) 189억 마르크로서 제24위 였으나, 90/91년 매출고 190억 마르크로서 독일의 제28위 산업기업이다.
○ "엠아엔"은 8개의 핵심기업과 2개의 주요자본참가 회사가 있다. "엠아엔 실용차량"사는 6–48톤 적재용량의 화물차량을 생산하며, 엔진은 102–500마력이다. 디젤엔진도 생산하며 102–700여 마력까지이다. "엠아엔 실용차량"의 공장은 뮌헨, 펜쯔베르크, 잘쯔기터, 구스타브스부르크, 뉘른베르크에 있다. 본사는 뮌헨에 있다.
○ 제2의 엠아엔 핵심기업인 "페르로슈타알"(Ferrostaal)은 본사를 엣센에 두고, 철강유통업, 산업설비의 프로젝트, 금융, 조립, 운영, 석유화학업에 활동하고 있다. 또한 목재, 가구, 식료품, 공작기계, 합성수지, 섬유, 인쇄, 포장분야의 산업설비 및 기계를 취급하고 있다.

○ "엠아엔 롤란트 인쇄기계"사, "엠아엔 구테호프눙스 제철"사, 디젤엔진공장인 "엠아엔 디젤"사, 하이테크분야의 "엠아엔 태크놀로기"사와 차량공업의 "렌크"사 및 조선·산업기계분야의 "렌크타케"사가 엠아엔의 핵심기업들이다.
○ "엠아엔"의 주요 자본참가 회사로는 철강과 비철금속 생산기업인 "에스 엠 에스"(SMS)사와 공작기계등을 생산하는 "슈페비세 제철공장"이 있다.
○ 이와같이 다양한 핵심기업들로 이루어져 있는 "엠아엔"의 역사도 18세기 중엽 독일 루르지방의 중공업의 선구자적 기업에 그 뿌리를 두고있다. 1808년엔 이들 선구자적 기업들이 "야코비, 하니엘, 후이쎈 광업조합"으로 되고, 이는 1873년엔 "구테호프눙스채광. 제철 주식연합"이 됐다.
○ 1923년엔 루르지방에 자회사 "구테호프눙스제철. 오버하우젠"이 설립됨으로서 "구테호프눙스 채광. 제철 주식연합"은 모회사가 됐다.
○ 제2차 대전이후에는 제철분야에서 "오버하우젠제철"이란 새로운 회사와 광산분야에서 "노이에 호프눙 광산"이 완전 독립됐다.
○ 1953년 "구테호프눙스 채광·제철주식연합"은 "구테호프눙스 제철 주식연합"으로 명의 변경됐다.
○ 66년 자 회사인 전선·철물·철사 회사와 구리철사. 구리생산 업체를 병합하여 "구테호프눙스 전선. 철물공장"으로 통합하고 67년 "도이췌 조선소"를 "호발트공장 도이췌 조선소"로 개명했다.
○ 60년대 말과 70년대에는, "구테호프눙스 제철주식연합"이 여타의 동 분야 회사들을 인수 혹은 양도하였다. 86년 "구테호프눙스 제철 주식연합"은 "엠·아·엔 아우구스부르크-뉘른베르크

기계공장"과 합병하여 주식회사 "엠아엔"이 됨과 동시에 본사가 뮌헨으로 옮겼다.
○ 90년엔 "엠아엔"의 자회사 "엠아엔 실용차량"이 실용차량 생산업체 "슈타이르 다임러 푸흐"를 인수하므로서 생산능력이 확대되었으며, 자회사 "페르로슈타알"은 "도이췌 산업"을 인수하고 인쇄기계분야의 기업활동을 "엠아엔 롤란트 인쇄기계"에 넘겨주었다.
○ 91년엔 "엠아엔 롤란트 인쇄기계"가 "폴라마그 플라우에너 기계공장"을 인수하여 "엠아엔 플라마그 인쇄기계"로 명하여 "엠아엔"의 손자회사(자회사의 자회사)가 됐다.
○ "엠아엔"사의 연간 경영실적

(단위 : 백만마르크)

	1989/90	90/91	91/92
매출고	18,937	19,031	19,171
－해외수출 비중(%)	60.6	61.9	56.2
종업원(명)	65,933	64,170	64,292
인건비	4,663	4,984	5,238
투자	704	884	979
기업이윤	327.7	405.8	417.8

본사 : 주소 : Postfach 40 13 47, München
　　　　Fax : (089)－360 982 50
　　　　Tel : (089)－360 980

엠아엔 본사

독일의 50대 기업 ㉙ :

슈틴네스(Stinnes)

○ "슈틴네스"(Stinnes)는, 독일의 제5위 기업인 "페바"(VEBA)가 "슈틴네스"의 주식 95%를 차지하고 있는 기업이다.
○ "슈틴네스"의 기업활동은 해운, 창고보관, 도매, 무역으로서 홀딩회사이다. 취급품목은 고체, 액체, 기체 연료를 비롯하여 화학제품, 비료, 광석, 광물 철강, 건자재, 타이어 등이다. 이밖에 동사는 건자재 전문시장, 기술 컨설팅, 항구운영, 호텔, 조선소, 보험업을 운영하고 있다. 90년 매출고 177억 마르크로서 독일의 제 27위 기업이었으나, 91년 186억 마르크로서 제29위기업이며, 본사는 루르지방의 뮐하임에 있다.
○ "슈틴네스"사의 모 기업이였던 "후고 슈틴네스" 유한책임회사는 1902년 뮐하임에서 창설되었으며, 1961년 주식회사로 되면서 "후고 슈틴네스"는 동 구럽의 모회사가 됐다.
○ 1965년 "페바"사가 "후고 슈틴네스"사의 주식 95%를 인수했다. 60년대 하반기와 70년대 상반기에는 "후고 슈틴네스"사가 특히 해운, 창고보관업, 채광업 분야의 기업들에 자본투자를 강화하였다.

○ 76년 "후고 슈틴네스"사는 주주총회의 결정에 따라 "슈틴네스"사로 회사명이 변경됐다. 78년엔 연료도매업과 소유 주유소의 일부를 양도하는 반면, "슈틴네스 트레츠"사의 설립으로 건자재분야의 활동을 강화했다.
○ 83년에는 동 사의 석탄취급에 관한 기업활동을 일원화하기 위해서 "슈틴네스 인터카본"사를 설립했다. 85년 "슈틴네스"는 슈투트가르트에 건자재 전문상 분야에서의 기업활동을 위해 "슈틴네스 건자재 시장"사를 설립했다. 또한 연말에는 "페바"사로 부터 엣센소재의 "페바유리"를 인수하여 "루르유리"로 명의 변경하여 운영하기 시작했다.
○ 92년 주주총회의 결정에 따라 "슈틴네스"는 "페바"에 완전히 소속되었다.
○ "슈틴네스"사의 연간 경영실적

(단위 : 백만마르크)

	1990	91	92
매출고	17,734	18,637	23,108
기업이윤	205	260	291
자본총계	5,307	5,587	7,453
자기자본	1,059	1,101	1,413
투자	596	650	1,626
인건비	1,366	1,552	2,250
종업원(명)	24,324	25,279	34,697

○ "슈틴네스"사는 노르덴함 항구와 노르덴함-블렉센 항구에 자체의 부두를 소유하고 있으며, 브레머하픈항과 빌헬름스하픈항에 해운창고를 갖고있다. 내륙수상운송은 자회사들인 두이스부르크 소재의 "슈틴네스 선박업"사와 함부르크 소재의 "포자이돈

해운"사가 맡고 있으며, 만하임에도 운송창고들이있다. 이밖에도 "슈틴네스"사는 1,630,000m²의 대지를 소유하고 있으며, 이중 1,540,000m²는 건물이 들어서 있다.
○ "슈틴네스"사는 벨기에, 브라질, 덴마크, 프랑스, 그리고, 영국 네델란드, 홍콩, 일본, 이태리, 오지리, 폴투갈, 스위스, 싱가폴 남아연방, 대만, 미국에 해외지사를 갖고있다.
본사 : 주소 : Humboldtring 15, 45472 Mülheim
　　　　 Fax : (0208)−494 698
　　　　 Tel : (0208)−494 0

슈틴네스사의 벨기에 아트벨펜항 선적 광경

독일의 50대 기업 ㉚ :

에데카(EDEKA Zentrale)

○ 91년 매출고기준 제30위의 "에데카"(EDEKA)는 중소상인들의 연합체인 협동조합 형태의 콘체른이다. "에데카"의 규모는 아직까지는 독일의 50대 기업의 중위권이나, 장기적 관점에서는 역시 협동조합형태에서 출발한 "레페"(17위) 심지에 "메트로구룹"(9위)과도 경쟁할 수 있는 기업이다. "에데카"의 주요활동분야는 식료품을 위시한 모든 상품의 유통업 및 수출입업이다. 또한 유통중계업도하며, 상품의 가공 및 생산활동도 한다.

○ 협동조합 형태의 모기업이 처음 창설된 것은 1907년이며, 1972년 처음으로 주식회사로 되어 본사는 함부르크와 베르린에 있다. 89년 "에데카는 구매기업인 빌레펠트소재 식료품 연쇄점 "아파우아"(AVA : Allgemeine Handelsgesellschaft der Verbraucher AG)의 주식 49.9%와 슈트가르트 소재 "난쯔"(Nanz & Partner) 식료품연쇄점 주식 25%를 인수했다. "아파우아"사는 또한 "난쯔"사의 주식 25%를 소유하고 있으며, 이 소유주식의 비율은 94년 10월까지는 40%로 상승될 것이다. "아파우아"사는 92년 매출고 42억 마르크에 종업원수 22,000명이며,

"난쯔"사는 매출고 23억 마르크에 종업원 11,000명이다.
○ "에데카"의 기업의 기능은 8,000개의 에데카 구럽에 상품을 공급하는 것이며, 빙겐에 포도주 양조장이 있으며, 프랑크푸르트, 함부르크, 뮌헨, 로이스도르프, 네델란드의 드 리어르, 이태리의 보쩬, 스페인의 발렌치아에 자체의 청과물 집산지를 갖고있다.
○ 85년 이전의 회장 슈투베(Helruut Stubbe)가 물러나고, 두이스부르크소재 "에데카"도매부 소속의 노이하우스(Horst Neuhaus)가 현재 기업을 이끌어 나가고 있다. 85년까지 "에데카"는 "알디"나 "맛사"의 경쟁을 의식하지 못하고 침체하였던 것이다. 노이하우스회장은(58세) 주요결정 전에 회원기업의 견해를 수렴해야하며, 이로서 소리없이 구시대적 협동조합 형태의 기업을 막강한 콘체른으로 부각시켰다. 93년에는 쾰른소재 구매협동회사인 "게델피"(제50위)의 주식 50%를 인수했다. "에데카"는 "칼슈타트"(제33위), 잡화상인 "부드니코프스키"와 "푹스"에도 상품을 공급하고 있다.
○ 노이하우스 회장은 85년 취임이후 본사의 종업원 약 1,000여명을 거의 반으로 줄였으며, 긴축금융을 하고, 그자신 검소한 회장실에서 근무하며, 항공편 이용이 불가피 할 때는 Economy Class를 탄다. 노이하우스회장이 해결하지 못하고 있는 "에데카"의 문제점은 소속 회원 기업들의 지방분권화이다. 소속 수퍼마켓이나 셀프서비스 백화점들이 "에데카"란 통일 상호 대신에 아직까지 "디마", "델타", "헤르쿠레스" 등의 독자적인 간판을 내걸므로서 광고비 절약을 하지 못하고 있다고 그는 본다. 또한 소속 회원기업들이 "에데카"의 구매회사에서 상품을 공급받는 대신에 직접 생산업체들과 교섭하므로서 "에데카"의 기업활동이 느슨해 진다는 것이다.
○ "에데카"는 독일의 거대 식료품 유통업체로서 유일하게 염가

식료품 연쇄점인 디스카운트 시장을 전혀 운영하지 않는다. 독일의 소매상 판도에서 값싼 상품시장이 급격히 증가추세이며, 이들 디스카운트시장은 재래식 시장형태보다 대부분 더욱 높은 이윤을 내는 것이 현실이다. "알디"와 같은 기업들은 그들의 디스카운트시장 전략을 해외에 수출까지 하는 실정이나, "에데카"는 지금까지 이에 대하여 주춤하고 있다. 노이하우스회장이 정상에 있는한 "에데카"는 디스카운트 시장을 운영하지 않을 것으로 보이며, 그는, 독일과 같은 복지국가에서는 상품공급의 원시적 형태가 하루아침에 사라질 수는 없다고 본다.

○ "에데카"사의 연간 매출고

(단위 : 백만마르크)

	1990	91	92
매출고	16,000	18,550	20,220
자기자본	206	234	254

본사 : 주소 : Postfach, Hamburg
　　　 Fax : (040)-637 72424
　　　 Tel : (040)-637 70

독일의 50대 기업 ㉛ :

엣소(ESSO)

○ "엣소"(ESSO)의 기업활동분야는 원유와 천연가스의 탐사, 시추, 채취, 가공, 운송 및 공급이며, 석유생산품과 가스생산도 하고 있다. 우란광석 및 토리움광석과 같은 광석 탐사, 채취도 하며, 나아가 이와같은 기업목표를 촉진시키기 위한 유사 혹은 동종의 목표를 수행하는 기업들에 자본참가를 포함한 법인체 운영을 하고 있다.

○ "엣소"의 모기업은 1890년, 오늘날 미국의 Texas주 Irving에 있는 "Exxon"의 전신인 당시 뉴욕소재 "Standard Oil Company"사의 독일 자회사로서 "독·미 석유회사"가 브레멘에 창설됐다. 1904년엔 본사가 함부르크로 이전되어 오늘에 이르고 있다.

○ 제2차 대전후 1950년 "독·미 석유회사"는 주식회사 "엣소"로 명칭이 바뀌었다. 53년 "엣소"는 "에바노 정유"를 인수하고, 73년엔 함부르크소재의 유한책임회사 "엣소 천연가스"를 흡수했다.

○ 82년엔 "엣소"가 쾰른소재의 정유소 운영을 중단하고, 87년에

는 함부르크소재의 정유공장을 양도했다.
○86년 "엣소"는 뉘른베르크소재 "엣소광석"유한 책임회사를 또 다시 흡수했으며, 88년에는 독일 소재 3개의 천연가스 회사를 인수했다.
○89년 기구개편을 통하여 기업활동을 7개 부문으로 나누어, 주유소, 정유/공급, 판매센타 북독, 판매센타 남독, 윤활유, 생산품분배, 원유/천연가스로 분류했다. 90년 통독이후 "엣소"는 동독지역에도 기업활동을 급격히 확장했다.
○"엣소"는 판매공급 설비로서 독일의 주요지점에 적하장, 보관창고, 주유소 및 벙커스테이션등과 같은 유류업무를 위한 설비와, 철도 운송용 유류화차 및 운송, 보관을 위한 제반 송·급유 차량과 시설을 보유하고 있다.
○"엣소"의 정유공장은 칼스루헤와 인골슈타트에 있다. "엣소"는 독일국내에 대리점을 두어 경유, 디젤유, 윤활유를 직접 소비자 및 산업에 공급하며, 국내 매출고의 절반 가량이 이들 대리점들을 통하여 이루어지고 있다.
○"엣소"의 연간 경영실적

(단위 : 백만마르크)

	1990	91
매출고	15,729	18,368
－석유, 석유제품	14,271	16,542
－가스	1,243	1,540
－화학	80	54
－기타	155	224
매출고		
－국외	586	746
－국내	15,143	17,432

투자	99	180
자본총계	5,006,435	5,998,726
자기자본	1,087,349	1,224,392
기업이윤	418	505
인건비	315.5	409.8
－임금	214.8	226.6
－연금, 생계보조비 및 사회부대비	100.7	183.2
（연금）	(74.0)	(154.4)

○ "엣소"의 주요 자회사로는 함부르크소재의 "엣소 유조선 선박", 쾰른소재의 "도이췌 Exxon Chemical", 브뤼셀소재의 "엣소 Standard N.V."가 있다.

본사 : 주소 : Kapstadtring 2, 22297 Hamburg
      Fax : (040)－639 333 68
      Tel : (040)－639 30

함부르크의 한 엣소의 주유소

독일의 50대 기업 ㉜ :

하니엘(Haniel & Cie)

○ "하니엘(Haniel & Cie)은 유통업과 서비스업을 주로하며, 90년 매출고 152억 마르크로서 32위 기업이였으며, 91년 매출고 172억 마르크로 역시 여전히 32위 기업이다.
○ "하니엘"의 주종은 본래 연료유통업과 운송업이였으나, 80년부터 93년까지 회장직을 맡았던 빌러스 (Hans Georg Willers)의 경영전략에 의하여 폭넓게 그리고 이익지향적으로 기업활동분야가 다분화 됐다. 전통 핵심분야였던 연료유통업과 운송업은 현재 전체 매출고의 1/5에 불과하다.
○ 91년 매출고 172억 마르크중 133억 마르크가 식료품도매업, 의약품도매업과 같은 유통업이며, 29억 마르크가 닉켈재생, 환경공학분야, 교통공학분야, 보건위생과 같은 서비스업/교통분야이고, 10억 마르크가 건자재, 의약품등의 생산업이 차지했다. 92년 매출고는 전년비 7.7% 증가하여 185억 마르크로 최고의 해를 기록했으며, 이중 144억 마르크가 유통업이 차지했으며, 교통서비스업과 생산업이 각각 30억 마르크와 11억 마르크를 차지했다.

○ 93년 10월 취임한 신임 샤트(Dieter Schadt)회장은 93년 매출고는 전년 수준에 달하지 못할 것이지만, 거의 이에 육박할 것으로 내다보았다. 93년 1-5월간 매출고는 전년 동기비 2% 감소했다.

○ 샤트회장은 "하니엘"의 당면문제들이 선박업, 건자재분야 및 제약분야에 있다고 본다. 선박업에서는 "하니엘"의 경쟁력 약화로 운송계약이 감소되고 있으며, 서독지역의 산업용 건축 침체로 건자재분야가 타격을 받고 있고, 슈투트가르트소재 자회사 "게헤"(Gehe)의 제약업은 독일의 보건위생관계법 구조개혁으로 어려움에 처해있다. 그러나 동독지역에서의 산업용 건축이 활성화를 보임과 동시에 "하니엘"이 적시에 동독지역의 동 분야에 투자한 점과, 미국에서 식료품도매업에서 활동하는 자회사인 Oklahoma City소재 "Scrivner Inc."의 매상고가 개선되므로서, "하니엘"전체로서의 경영은 무난히 어려운해 93년을 극복했다.

○ "하니엘"은 유한책임회사로 "프란츠 하니엘 재단"이외에 340개의 기업가족이 참가해 있으며, "메트로"(제9위)에도 33.33%의 자본참가를 하고있다. 샤트회장은 앞으로 "메트로"의 주식을 더욱 사들일 예정이며, 파리소재 프랑스의 국영 제약유통회사인 "OCP" (Office Commercial Pharmaceutique S.A.) 인수를 타협중이다. "하니엘"이 "OCP"를 인수할 경우, "하니엘"의 연간 매출고는 100억 마르크 더 증가할 것이다. 현재 "OCP"의 주식당 985(프랑스) 프랑에 타협중이며, 이로서 계산하면 인수가격이 7억8천만 마르크이다.

○ "하니엘"의 (실물) 투자액은 90년 11억7,700만 마르크에 이어, 91년에도 14억 7,300만 마르크였으나, 92년에는 7억 1,900만 마르크로 전년비 거의 반감했다. 91년도 투자액의 절반 이상인

7억 3,000만 마르크가 기업인수를 위한 것이었다.
○ "하니엘"의 주요 자회사로는 미국의 "Scrivener Inc."외에 스위스 쭈그소재의 "CWS International"과 국내의 "에엘게 하니엘", "할펜", "하니엘 건자재 산업", "하니엘 엔피로텍", "하니엘 산업 서비스", "트란스-오-플렉스 속달"이 있다.
○ "하니엘"의 연간 경영실적

(단위 : 백만마르크)

	1990	91	92
매출고	15,152	17,161	18,482
기업이윤	218	231	204
투자	1,177	1,473	719
자본총계	5,430	6,903	7,186
종업원(명)	27,598	32,451	32,989

본사 : 주소 : Postfach, Duisburg
　　　Fax : (0203)-806 622
　　　Tel : (0203)-806 0

옛 동독지역 진출로 경기불황을 헤쳐나가는 하니엘사 본사

독일의 50대 기업 ㉝ :

칼슈타트(Karstadt)

○ "칼슈타트"(Karstadt)는 소매업을 하는 백화점으로서 유럽의 백화점가운데서 지도적 위치에 있다. "칼슈타트"는 1977년 통신판매 및 백화점 소매 기업이던 "네커만 통신판매"를 인수하므로서 기업활동을 통신판매와 관광에 까지 확대했다. 91년(순) 매출고 171억 마르크로서 전년에 이어 제33위 기업이다. 본사는 엣센에 있으나, 미래의 독일수도 베를린에 "칼슈타트"의 112년 역사상 최대의 단일 투자를 계획하고 있다.

○ "칼슈타트의 모기업은 2개의 소매업기업들이 결합하여 생겼다. 1881년 "루도르프 칼슈타트"사가 동독지역 비스마에서 처음 눈을 열어 포목, 기성복, 섬유 매뉴팩처를 했다. 1890년대 말에는 "루도르프 칼슈타트"사가 중부 및 북부독일에 25개의 백화점을 소유하는 대 소매기업으로 성장했다. 이와는 무관하게 1885년 "테오도르 알트호프"사는 됄멘소재의 부모의 가업이던 광목, 옥양목 등 백색섬유와 모직 및 섬유류 잡화 소매상을 유산받아 라인란트지방과 베스트팔렌지방을 중심으로, "루도르프 칼슈타트"사와 비슷하게 15개의 백화점을 가진 소매유통기업

으로 자랐다.
○ 1920년 "루도르프 칼슈타트"는 자본금 4천만(독일국) 마르크로 주식회사로 창설된후, "테오도르 알트호프"사를 인수하면서 자본금을 8천만 마르크로 배로 증가했다. 또한 같은해에 방직공장 "에스 에이 파이올"을 인수했다.
○ 1926년 오늘의 "칼슈타트"의 자회사인 "케파"의 모기업인 "에파"를 창설하여, 짧은 시일에 53개의 지점으로 확대됐다. 29년 "에파"를 매각하고, 또한 거의 모든 매뉴팩처와 공장을 양도하여 기업의 구조를 단일화 했다. 32년 (구매)본사를 함부르크에서 베를린으로 옮겼다.
○ 제2차 대전후 동독지역 소련점령하의 지점을 잃고 전전 67개 지점중 서독지역 소재 45개의 지점만을 소유하게 됐다.
○ 52년 전 "에파"의 후신인 "케파"의 주식 75%를 인수하고, 58년에는 완전 흡수했다. 63년 주주 총회의 결정에 따라 "루도르프 칼슈타트"를 "칼슈타트"로 개명하고, 종전후 다시 함부르크로 옮긴 본사를 69년 함부르크에서 오늘의 엣센으로 옮겼다.
○ 71년 퓌르트소재 통신판매 기업인 "크벨레"와 공동으로 뉘른베르크에 "트란스 유럽 여행"사를 설립하므로서 여행업에도 착수했다. 72년 하노버소재 "투이"사에 25%, 스위스의 쥬네브소재 "젤몰리 홀딩"사에 50% 자본참가 하므로서 여행업 활동이 확대됐다.
○ 89년 말 동독장벽 붕괴와 90년 가을 통독사이에 "칼슈타트"는 동독의 10개 "센트룸 백화점" 및 4개의 "마그네트 백화점"들과 기업간 협력관계를 맺고 통독후 91년 동독지역 드레스덴, 괴르리쯔, 할레, 호이에스페르다, 라이프치히, 막데부르크의 6개의 "센트룸 백화점"을 신탁관리청으로 부터 불하받았다. 동시에 "칼슈타트"는 신탁관리청의 자회사로부터 비스마와 브란

덴부르크 소재의 2개의 "막그네트 백화점"을 임대 운영하고 있다.
○ "칼슈타트"는 또한 베를린소재 현재의 지점 백화점의 확장을 94년 1월 부터 96년까지에 걸쳐 실시하며, 현재의 판매 전용면적 19,500m²는 27,500m²로 늘어나고 이를 위한 투자액은 2억 1천만 마르크이며 이밖에 주차장 확장을 위한 투자액이 4천6백만 마르크로서, 이는 동사의 112년 역사에서 단일투자로는 최고이다. 이러한 투자는 소비자들의 수준높은 구매욕구를 충족시키기 위한 시설투자이며, 상품의 질과 품목에서도 확대될 것이라고 전망한다.
○ "칼슈타트"의 연간 영업실적

(단위 : 백만마르크)

	1991	92
매출고	17,127	18,498
기업이윤	257	224
인건비	3,190	3,416

본사 : 주소 : Theodor-Althoff-Straße 2, 45021 Essen
Fax : (0201)-727 5216
Tel : (0201)-727 0

칼슈타트 본사 전경

독일의 50대 기업 ㉞ :

티쎈 한델스우니온(Thyssen Handelsunion)

○ "티쎈 한델스우니온"(Thyssen Handelsunion)은 공업재료, 건축기술, 교통 logistic, 연료, recycling, projectmanagement, 메인턴언스의 7개 분야에서 활동하는 기업구럽의 홀딩회사이다. 모회사는 "티쎈"이다.
○ 산업재료분야의 주요 기업은 "티쎈 슈탈우니온"과 "티쎈 슐테"이며, 활동분야는 압연강, 특수강철, 강관, 철강제, 비철금속, 합성수지, offshore공학이다. 국내에 104개의 지점과 물품보관창고 등이 있으며, 해외 59개국에 해외지점과 대리점이 있다.
○ "티쎈 슐테"는 건축기술에도 활동하며, 분야는 보건, 위생시설, 스팀기술, 부엌설비, 기초공사설비, 건축이다. 국내에 127개의 지점, 건축사무소, 창고가 있고, 해외 8개국에 해외지점, 대리점이 있다.
○ 교통 logistic 분야의 기업은 "티쎈 하니엘 logistic"으로 유럽육운, 내해수운, 항공교통, 해양교통이 활동분야이다. 국내에 146개의 지점, 출장소등이 있고, 해외 44개국에 진출해 있다.
○ 연료분야에서는 "티쎈 네스테 오일"과 "티쎈 카보메탈"이 있으

며, 원유, 중유, 기타유류 및 윤활유, 석유제품, 액화가스, 갈탄, 갈탄코크스, 석유코크스를 취급한다. 국내에 11개 지점이 있고, 해외 24개국에 진출해 있다.
○ "티쎈 존넨베르크"는 고철, 지류분야의 recycling, 쓰레기처리, 산업서비스에서 활동한다. 국내에 60개의 지점, 창고, 판매소가 있고, 해외 15개국에 진출해 있다.
○ "티쎈 라인슈탈"은 산업설비, 건축프로젝트, 기술생산물, 산업과 조선관계 기계와 설비에 관하여서 모든 프로젝트맨니져먼트를 한다.
○ 메인턴언스에서는 "피크 인더스트리 메인턴언스"사가 정기검열, 수리, 산업조립, 화재등으로 인한 사후 수리 및 가동, 메인턴언스 소프트웨어를 하며, 국내에 40개의 사무실과 오지리 및 벨기에 지점이 있다.
○ 이와같이 분야별 특화한 산하기업의 홀딩회사인 "티쎈 한델스우니온"의 모회사는 주식회사 "한델스우니온"으로서 1954년 뒤셀도르프에서 설립됐다. "한델스우니온"은 64년부터 "아우구스트티쎈 제철"과 기업간 기구편입 계약을 맺고, 72년에는 콘체른을 인도하는 새로운 홀딩회사로서 "티쎈 한델스우니온"을 뒤셀도르프에 설립했다. 74년에는 "티쎈"과 "라인슈탈"의 통합으로 양 사의 유사부문이 통합하여 "티쎈 슈탈우니온"과 "티쎈 라인슈탈"이 설립됐다. 75년에는 연료분야의 자회사 "티쎈 브렌크라프트"를 설립하여 동분야 "라인슈탈" 자회사를 흡수했다.
○ 83년에는 국내 철강분야를 통합하여 "티쎈 슐테"를 설립하고, 해외활동으로서 특히 중남미와 극동에서의 진출을 확대했다.
○ "티쎈"의 매출고는 90/91년(90. 9. 1.~91. 8. 31) 168억 마르크이며, 이를 분야별로 보면, 산업재료 45%, 건축기술 13%, lo-

gistic 13%, 연료부문 10%, recyling 9%, projectmanagement 8%, 메인턴언스 2%이다. "티쎈"매출고의 지역별 분포를 보면, 국내 58%, EC 22%, 여타 서구 5%, 동구 1%, 북미 5%, 중남미 1%, 극동 2%, 기타 6%이다.

○ "티쎈"의 연간 경영분석

	1989/90	90/91	91/92
매출고	13,979	16,784	15,607
투자	525	711	596
종업원(명)	24,322	29,369	28,701
인건비	1,298	1,696	
자본총계	4,611	5,511	5,448
자기자본	481	487	
기업이윤		92	108

본사 : 주소 : Hans-Günther-Sohl-Straße 1, 41012 Düsseldorf
     Fax : (0211)-967 1481
     Tel : (0211)-967 0

티쎈 라인슈탈에 의하여 건설된
아일랜드 최초의 풍력에너지 생산 설비

본사의 projectmanagement 활동으로 보수되고 있는 티쎈 본사

환경공해가 적은 펄스생산 설비

티쎈 한델스우니온의 뒤셀로르프 소재 티쎈 Trade Center

독일의 50대 기업 ㉟ :

데아 석유(DEA Mineraloel)

○ "데아 석유"(DEA Mineraloel)는 "에르 페 에"(제6위)의 함부르크소재 자회사 "에르 페 에 데아"(제24위)가 역시 함부르크에 설립한 회사이다. 1988년 설립되어 89년 7월1일부터 본격적으로 활동하며, 활동분야는 원유, 천연가스, 타르의 채취, 가공이며, 석유화학 생산품과 에너지유통업이 주종이다.
○ 통독이후 "데아 석유"는 "도이췌 셸" 및 "페바 욀"과 함께 함부르크에서 동독지역의 작센주까지의 송유관 건설 프로젝트를 추진하고 있다. "데아 석유"는 또한 93년부터 윤활유재생기술을 개발하여 환경보호와 자원보존에도 공헌하고 있다.
○ "데아 석유"의 분석에 의하면, 이락전쟁이후 국제원유가는 안정세를 보이며, OPEC국들의 원유생산은 쿠웨이트 원유생산 설비의 파손에도 불구하고 1991년 하루평균 2,320만 배럴로서 80년이래 최고수준이다. OPEC국들의 원유생산 증가는 구 소련의 원유생산 감소를 상쇄할 수 있었으며, 소련의 붕괴는 국제원유시장에 별영향을 미치지 못했다. 91년 세계원유생산량은 32억 톤으로서 전년수준이며, 이중 .OPEC국의 생산이 39%, 구

소련이 16%, 북미/중미가 21%, 대서양에서의 생산이 6%, 나머지 18%이다. 충분한 원유공급으로 독일에서의 원유가격은 1973년 에너지위기 이후의 수준이며, 그 동안의 물가상승율을 감안하면 91년 독일의 원유가격은 1974-78년간 평균가격의 60%이다.

○ 91년말 현재 세계 원유보유량을 1,350억 톤으로 추산하며, 현재 소비수준으로 40년간 쓸수 있다. OPEC국들의 원유보유량은 이중 78%이며, 특히 사우디아라비아만도 25%이며, 이는 앞으로 그의 원유보유량이 크게 증가할 것이다. 세계 대 산유국인 미국과 구 소련의 원유보유량은 세계전체의 8%이다. 서구의 원유보유량은 1% 남짓으로서 19억톤이다.

○ "데아 석유"의 연간 경영분석

(단위 : 백만마르크)

	1990	91
매상고	14,064	16,273
-석유	12,715	15,043
-석유화학	1,259	1,119
-기타	90	111
자본총계	2,560	2,810
자기자본	774	762
투자	174	264
종업원(명)	3,088	3,083
인건비	348	372
주유소수(개)	1,861	1,820

본사 : 주소 : Überseering 40, 22297 Hamburg
　　　 Fax : (040)-637 534
　　　 Tel : (040)-637 50

데아 석유 (DEA Mineraloel) **179**

동독지역 폴크스봐겐 신설공장에 전기공급 설비를 건설한 데아 석유

데아 석유의 송유관 건설 광경

독일의 50대 기업 ㊱ :

아랄(Aral)

○ "아랄"(Aral)은 석유, 가스 유통기업이다. "아랄"은 모든 종류의 원유생산품과 원유 부산물을 취급하며, 이와 유사한 업종에서 활동하고 있다.
○ "아랄"의 모기업은 1898년 루르지방의 13개 벤졸 생산업체들이 루르지방의 보쿰소재 "페스트도이췌 벤졸 판매연합"을 설립하면서 시작했다. 1906년에는 독일 동부의 "오스트 도이췌 벤졸 판매연합"과 합병하여 유한책임회사 "도이췌 벤졸연합"을 탄생시켰다. 1918년 (1차 대전후) "도이췌 벤졸연합"이 해체되고, 벤졸 생산업체들이 "벤졸협회"를 유한책임회사 형태로 재설립했다. 1924년에는 독일 동부의 벤졸생산업체들이 "벤졸협회"와는 별도로 "동부 벤졸연합"이란 유한책임회사를 베를린에 설립했다.
○ 역시 동년인 24년 "벤졸협회"의 벤졸규정이 제정되었고, 자체 판매망과 영세 유류보급소가 확장되었으며, 휘발유와 벤졸을 함께 취급하는 "벤졸협회-아랄"이 설립됐다.
○ 35년 자르지방 유류유통업체들이 "벤졸협회-아랄"에 가입했

으며, 38년에는 기업활동이 오지리에 까지 확장됐다.
○ 41년 "벤졸협회"는 그 사이 창설된 루르지방의 "휘발유협회"를 흡수하여, "휘발유-벤졸협회"로 개명하고, 42년 독일 동부지역의 "동부 벤졸연합"을 통합했다.
○ 제2차대전후 45년이래 "휘발유-벤졸협회"는 기업활동이 서독에 한정되었으며, 47년 "휘발유-벤졸판매"로 개명됐다.
○ 또한, 52년 대기업의 해체로 주식회사 "휘발유-벤졸판매 아랄"이 설립되고, 이는 62년 다시 "아랄"로 개명됐다. 47년이래의 "휘발유-벤졸판매"는 67년 해체됐다. "아랄"은 87년 독일 유류회사로서는 처음으로 고급디젤을 판매했다.
○ 89년 12월 말 현재 "아랄"은 국내에 2,938개의 주유소가 있으며, 이중 60개는 고속도로 주유소이다. 국외에는 1,579개의 주유소가 있고, 이중 894개는 특허 주유소이다. "아랄"의 본사는 보쿰에 소재하며, 역시 루르지방의 겔젠킬헨에 본사를 둔 "페바 욀"(제26위)이 자본지배 하고있다. "페바 욀"은 "페바"(제5위)가 자본지배 하므로, "아랄"은 "페바"의 손자회사인 격이다.
○ "아랄"의 연간 경영실적

(단위 : 백만마르크)

	1991	92
매출고	16,159	16,623
자본총계	3,053	3,040
자기자본	326	362
기업이윤	3.5	35.2
인건비	236	238

○ "아랄"은 기업활동 영역을 확대하므로서 줄어드는 주유소에 대응하려하고있다. 현재 "아랄"은 독일 연방 체신청과 협력하여

50-80개의 주유소에서 우표판매와 같은 우편업무 취급을 고려중이며, 또한 "도이췌 반크" 및 "드레스덴 반크"의 은행들과 협력하여 자동현금인출기 설치도 계획중이다. "아랄"은 이미 브란덴부르크 주의 주유소에서 국영 복권인 "로토-토토"를 접수하고 있다. 이러한 활동영역의 확대는 주유소가, 독일의 소매업들의 영업시간규제법을 떠나 24시간 영업할 수 있기 때문에 가능한 것이다. 그러나 한편에서는 주말이나 통상 영업시간이외의 시간에 주유소에서 쇼핑을 하는 수가 늘어감에 따라, 소매업 협회의 주유소에 대한 영업활동 침식을 제기하므로서, 확장되는 추세를 보이고 있는 주유소의 쇼핑코너가 위축될 것으로 본다. 법적으로는 주유소가 고객들에게 유류와 자동차 부품 이외에 여행자들을 위한 간단한 생필품만을 제공할 수 있다.

본사 : 주소 : Wittener Straße 45, 44789 Bochum
　　　　Fax : (0234)-315 2486
　　　　Tel : (0234)-315 0

함부르크의 한 아랄 주유소

독일의 50대 기업 ㊲ :

오토 통신판매(Otto Versand)

○ "오토 통신판매"(Otto Versand)는 세계최대의 통신판매회사로서 본사는 함부르크에 소재한다. 또한 국내 소매업에서 통신판매가 차지하는 비중이 독일의 경우 4.7%로서 최고이다. 다음이 미국 3.3% 오지리 3.1%, 스웨덴 3%, 영국 2.9%, 덴마크 2.8%, 스위스 2.6%, 핀란드 2.5%, 노르웨이 2%, 네델란드 1.8%의 순이다.

○ "오토 통신판매"는 국내 뿐만이 아니라, 미국, 서구각국을 위시하여 일본에 까지 진출해 있으며, 90/91(90. 3. 1.－91. 2.말)년도 매출고는 144억 마르크 였으나 91/92(91. 3. 1.－92. 2.말)년도 161억 마르크의 매출고로서 독일의 37위 기업이다. 동사는 미국의 통신판매업계에서는 3위이며, 일본에서는 20위에 있다. 92/93회계연도 초에는 영국의 통신판매사 "Grattan plc"사에 자본참가하므로서 "Grattan plc"사를 지배하고 있으며, 동사의 91/92년도 매출고는 14억 마르크로 알려져 있다. 프랑스의 자회사 "3 Suisses"는 91/92년 전년과 비슷한 33억 마르크의 매출고를 이룩했다. 그밖에 "오토 통신판매"는 스페인과 풀튜갈

에 자회사를 갖고 있다.
○ "오토 통신판매"는 90년 7월부터 폴란드에도 투자진출하고 있으며, 여타 동구국들 보다도 폴란드가 시장경제적 전제조건을 가장 잘 갖추고 있는 것으로 동 사는 평가하고 있다. 헝가리에는 92년 9월부터 자회사 "슈파브 구럽"이 진출해 있다.
○ 미국시장에는 "오토 통신판매"에 속하는 "슈피겔구럽"이 활동하며 91/92년 매출고가 20억 마르크이다. 일본소재 자회사 "오토-수미소"의 91/92년 매출고는 전년비 33% 증가한 2억 2,200만 마르크로서 설립이후 4년만에 처음으로 흑자선에 들었다. "오토-수미소"는 "수미소 계열"과의 합작기업이다. 이와같이 "오토 통신판매"는 세계 14개국에 31개의 유통회사를 갖고 있다. 93년 1월에는 이태리 유수의 통신판매사인 밀라노소재의 "GDiA"(Grande Distribuzione Avanzata)사를 인수했다. "GDiA"사는 1957년 설립됐으며, 92년 매출고 5억 마르크에 종업원 1,080명이다. 또한 1,400만개의 통신판매 주소록을 갖고있다.
○ "오토 통신판매"의 독일 국내 자회사들로는 "슈파브구럽", "하이네", "알바 모다", "스포츠 세크", "페그로 젤그로스"가 있다. 91/92년 국내 매출고에서 동독지역의 비중은 25%이며, 현재 10억 마르크 상당의 투자를 동독지역에 하고 있다. 지금까지 "오토 통신판매"는 동독지역에서 3,000명을 신규고용했으며, 10억 마르크 투자의 고용창출효과는 5,000명으로 추산하고 있다. 투자지역은 동독지역의 브란덴부르크주, 작센-안할트주, 튀링겐주이며, 특히 막데부르크시 근교 할덴스레벤에 94년 가을까지 53헥타의 통신판매센터가 완공되면, 여기서 연간 3천만개의 통신판매가 이루어질 것이다.
○ 미하엘 오토회장은, 또한 86년이래 가족기업인 "오토 통신판매"의 이미지를 위해 공급 생산업체들에게 환경보호적 생산을

강조하고 있다. 매출고의 약 60%를 차지하고 있는 의류·섬유 분야에서는 피부유해물질까지 고려하며, 가전제품은 리사이글링을 위한 폐품수거를 구상중이다.

○ "오토 통신판매"는 93년 1월 동독지역소재 연쇄여행사인 "라이제란트"를 인수하므로서 여행업에도 진출하고 있다. "라이제란트"의 기업적 지식에 "오토 통신판매"가 투자금융과 고객명부를 제공하므로서 특히 동독지역에서의 통신판매에 이은 여행붐을 조성하려하고 있다.

○ "오토 통신판매"의 연간 경영실적

(단위 : 백만마르크)

	1990/91	91/92
매출고	14,358	16,078
인건비	6,992	8,904
기업이윤	278	356
자본총계	4,742	5,996
종업원(명)	42,000	43,000
－그중 국내	7,757	9,715

본사 : 주소 : Postfach, Hamburg
      Fax : (040)－646 148
      Tel : (040)－646 10

오토 통신판매 (Otto Versand) **187**

24시간 배달 체재로 주문된 품목은 다음날로 실려나간다.

고객이 집에 없을 경우는 3번까지 배달 방문한다. 사진은 고객의 사인을 받는 오토 통신판매직원

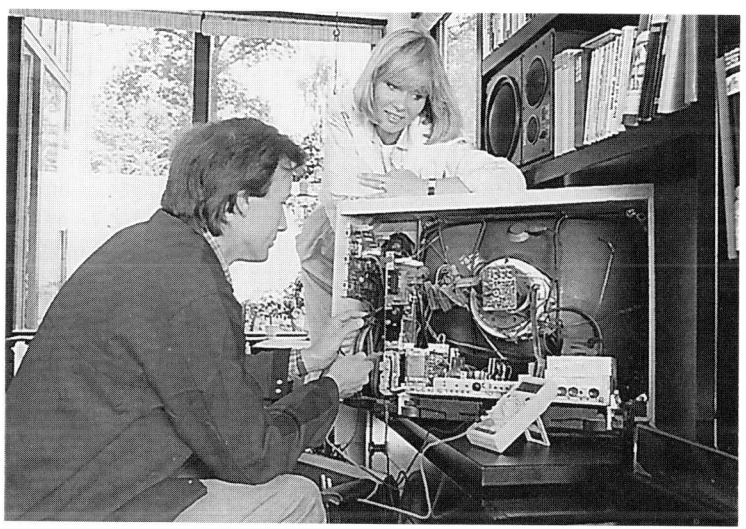

주문과 구매로 아프터 서비스가 보증된다. 한 직원이 가정을 방문하여 제품을 수리하고 있다.

함부르크시 슈넬젠구 소재의 최초의 오토 통신판매 건물. 처음부터 기업의 혁신이 통사의 자화상이었다.

함부르크시 브람펠트구 소재의 오늘날의 본사. 에너지 절약형의 열을 조절하는 유리창으로 건축 되었다.

고객의 주문을 접수하고 있는 사무실

대중 문화행사를 하고 있는 오토 통신판매

독일의 50대 기업 ㊳ :

카우프호프(Kaufhof Holding)

○ "카우프호프"(Kaufhof Holding)는 모든종류의 백화점 및 소매업 상품과 통신판매, 도매업을 주로하며, 또한 취급품목의 생산, 요식업, 부동산업, 유산재산관리, 여타 국내외 기업들에 출자하고 있다. 본사는 쾰른에 있다.
○ "카우프호프"의 뿌리는 1879년 "레온하르트 티츠"가 독일북부 슈트랄준트에서 면제품 및 모직물을 취급하는 상점 개업에서 시작한다. 이는 1905년 이미 주식회사로 됐으며, 1925년까지 기업활동이 광역화하면서 지역특성에 따라 전문화하고, 판매를 위한 구매확장이외에 자체생산도 시작했다. 베를린소재 백화점에서는 기성복, 침구류 깃, 부엌용 섬유제품, 밍크제품을 취급했으며, 캠니츠소재 백화점에서는 인근 작센주의 산업(제조업) 노동자(취업자)들을 위하여 장갑, 양말, 커턴류, 및 양탄자를 팔았고, 오펜바하에서는 혁제품을, 쾰른에서는 신발, 의류용 천, 면제품, 향수, 혁제품, 남성복, 견직물, 완구가 특화하였다. 또한 아우그스부르크 인근의 지벤부룬소재에 면방직 공장과 비트부르크와 플라우엔소재에 편물제품공장들을 가지고 있었다. 1925

년에는 저가품 일용품을 취급 판매하기 위하여 쾰른에 유한책임회사 "에하페 통일가격 유통"이 설립됐다.
○ 27년 주식회사 "에하페"로 상호를 변경했다. 27년-32년 사이에 엠덴소재의 수개의 기업을 인수하고, "린더만"사와 동 기업 소유 부동산을 흡수했다. 이 5년동안 18개의 지점을 설립하고 부실지점들을 폐쇄하므로서 경영 견실화를 이룩했다.
○ 33년 주식회사 "레온하르트 티츠"는 "페스트 도이췌, 카우프호프"로 바꿨다. 36년이후 아우그스부르크, 비트부르크, 지벤부룬 소재 공장들이 확장됐다.
○ 45년 총 41개 지점 백화점 (158,000m^2)중 3개(8,000m^2)만이 전혀 파괴를 모면했다. 52년까지 기업을 확장하여 영업 전용면적이 108,000m^{2}였고, 53년에는 다시 "카우프호프"로 바꿨다. 53년이후 10년간 다른 기업에 출자 혹은 자본참가기업을 양도하기도 했으며, 64년에는 쾰른에 본사창고를 완공했다.
○ 60년대 중반이후 백화점과 부동산업에서 인수, 양도를 거듭하고, 70년대 초에는 여행업도 겸하며, 80년대 초에는 요식업에도 기업활동을 확장했다.
○ 84년에는 가내 레져품목과 여가선용 기술상품을 취급했으며, 88년부터는 전자 메디아품목을 확장했다. 80년대에는 통신판매사 "레노"와 "오페르만"을 인수하고, 전자제품 유통업체 "포비스"를 흡수했다.
○ 88년 "카우프호프"는 주식회사 "카우프호프 백화점"을 설립하여 본래의 기업활동을 이관하고 홀딩회사로 존재하고 있다.
○ 통독이후 "카우프호프"는 동독지역 확장에도 집중하고있으며, 91년 현재 동독지역 지점수는 산하 "카우프호프 백화점" 7개, "카우프할레" 35개, "레노" 113개, "포비스" 11개, "Mac Fash 섬유유통" 7개, "카우프호프 요식업 서비스" 4개 등이다.

○91년 현재 "카우프호프"의 총 업체수는, "카우프호프 백화점"이 84개, "카우프할레" 165개, "메디아 마크트/자툰 한자" 51개, "레노" 259개, "포비스" 101개 "카우프호프 모드 스포츠" 9개, "Mac Fash 섬유유통"이 33개, "카우프호프 요식업 서비스"가 128개등이다.

○"카우프호프"의 연간 경영 실적

(단위 : 백만마르크)

	1990	91	92
매출고	12,704	15,497	
구립총업체수(개)	636	830	952
영업전용총면적(m^2)	1,356,100	1,572,700	1,664,300
종업원(명)	46,950	58,700	60,100
자본총계		6,468	6,104
자기자본	1,849	1,819	1,700
인건비	2,107	2,575	2,915
투자	329	495	765
기업이윤	120	166	222

본사 : 주소 : Leonhard-Tietz-Straße 1, 50676 Köln
     Fax : (0221)-223 2800
     Tel : (0221)-223 00

독일의 50대 기업 ㊴ :

크룹(Friedr. Krupp)

○ "크룹"(Friedr. Krupp ; 창설시 이렇게 썼음)은 1811년 창설된 "크룹"사를 이끌어 나가는 기업으로서, 주종분야는 철강, 금속, 합성수지, 기타의 재료를 생산·가공하며, 기계, 기계설비, 기계부품, 전자 생산과 산업설비 건설, 기술서비스, 자체 생산품의 유통업, 운송·화물업, 여행업이다. 본사는 엣센에 있다.

○ "크룹"은 1811년 프리드리히 크룹이 철생산을 위한 공장건설에서 시작하여, 150여년간 여러법적형태를 유지하여 오다가, 1967년 그의 후손 알프레드 크룹이 사망하고 그의 유서에 따라서 소속개개회사들이 유한책임회사로 법적형태를 다시 바꾸어 "알프레드 크룹 재단"에 속했다.

○ 1977년에는 이란이 "크룹"에 자본참가 했다. 1991년 "크룹"은 기업인수를 목표로 도르트문트소재 유사업종 기업인 "헤시"(Hoesch)의 주식 24.9%를 소유했다. 동년 연말 "크룹"은 독일연방 카르텔청의 허가를 얻어 "헤시"사의 주식소유를 높임으로서 "헤시"의 자본을 지배했다. "크룹"의 "헤시"에 대한 자본지배는 92년 4.16일 독일연방 카르텔청에서 정식인가 됐으며,

동년 5. 15일 EC위원회에서도 인가를 얻었다. 이보다 앞서 동년 3월 "크룹"은 주식회사가 됨으로서 180년 "크룹"역사에서 처음으로 "크룹"주식이 증시에서 거래됐다.

○ 92년 6월 "크룹"과 "헤시"양사는 합병하여 "헤시"의 주식이 "크룹"주식으로 이전되고, 동년 12월 "크룹"은 "크룹 아게 헤시 크룹"으로 변경되어, 본사는 헷센과 도르트문트에 있다.

○ "크룹 아게 헤시 크룹"은 콘체른 홀딩으로서, 산하 산업부문별 기업들은 독립된 법적형태를 유지하며, 기업활동은 철강, 가공, 자동차부품, 기계, 설비, 유통·서비스, 기타로 분류된다. 주식의 50% 이상을 "알프레드 크룹 재단"이 소유하고, 이란(이슬람 공화국)도 주식의 25% 이상을 차지하고 있다.

○ "크룹 아게 헤시 크룹"사의 연간 경영실적

(단위 : 백만마르크)

		1991	92
매출고	"크룹"	15,133	23,157
	"헤시"	10,108	
－해외	"크룹"	7,780	10,465
	"헤시"	3,905	
기업이윤	"크룹"	305	－250
	"헤시"	127	
자본총계	"크룹"	10,298	19,545
	"헤시"	8,063	
자기자본	"크룹"	1,026	3,226
	"헤시"	2,023	
종업원(명)	"크룹"	53,115	91,411
	"헤시"	44,200	
인건비	"크룹"	4,085	6,815
	"헤시"	2,987	

○ "크룹 아게 헤시 크룹"사의 종업원의 산업분야별 분포, 1991

(단위 : 명)

총계	91,411
―기계	18,508
―설비	6,083
―자동차부품	18,362
―가공	11,452
―철강	26,476
―유통	5,516
―기타	5,014

본사 : 주소 : Altendorfer Straße 103, 45143 Essen
     Fax : (0201)―188 4100
     Tel : (0201)―188 0

크룹(Friedr. Krupp) *195*

크룹이 생산한 디젤전기 기관차　　크룹의 선박용 디젤엔진

크룹이 건설한 귀금속을 사용한 건물

크룹의 large-diameter bearing 설비

크룹의 plastics blow-moulding 기계

크룹(Friedr. Krupp) **197**

크룹 본사 공장

크룹사의 본사지대 조감도

독일의 50대 기업 ㊵ :

아우디(Audi)

○ "아우디"(Audi)는 자동차생산회사로서 본사는 인골슈타트에 있으며 "폴크스봐겐"(제2위 기업)계열이다.
○ "아우디"는, 1969년 주식회사 "엔에스우"(NSU Motorenwerke)와 유한책임회사 "아우토 우니온"(Auto Union)이 합병하여 모기업인 "아우디 엔에스우 아우토 우니온"이 생겼다. 이로서 동 기업은 경쟁력을 제고할 수 있었으며, 총 종업원 26,000명에 대리점이 6,000개 가량으로서 30-115마력의 차종을 생산했다. 당시 본사는 네커스울름에 소재했다.
○ 71년에는 네커스울름소재 공장확장과 더불어 인골슈타트에 공장이 신축됐다.
○ 74-76년에는 "폴크스봐겐"과의 기업간 연계가 더욱 밀착되었으며, "아우디"사의 판매, 자재조달, 창고보관, 부품서비스가 "폴크스봐겐"으로 이양됐다.
○ 79년에는 인골슈타트에 의무쎈터를 위시한 후생시설과 기업연수원이 건축됐다. 80년대 초반에는 인골슈타트와 네커스울름에 공장들이 현대식으로 건축되었으며, 84년에는 "아우디 엔에

스우 아우토 우니온"이 주식회사 "아우디"로 명의 변경됨과 동시에 본사가 인골슈타트로 옮겨졌다.

○ "아우디"는 중급차이상을 생산하며, 인골슈타트에 자동차 생산 공장과 엔진공장, 부품공장, 신모델 연구개발쎈터, 종업원 사택들이 있으며, 네커스울름에도 생산 및 부품공장과 사택이 있다. "아우디"의 국내시장 점유율은 91년 5.4%에서 92년 5.7%로 증가했다. 수출비중도 동 기간에 49.2%에서 51.7%로 늘었으며, 주요 수출대상국은 이태리, 프랑스, 다음, 벨기에, 스페인, 오지리이다. "아우디"의 대 서구 및 대 미국 수출을 제외한 여타제국으로의 수출에서는 일본이 제1의 수출대상국이였으나, 92년 대 중국 수출이 15,110대로 증가하므로서 중국이 제1의 수출대상국으로 부상했다. 그밖에 "아우디"는 또한 중국 장춘의 "First Artomobile Works"(FAW)에 91년 7,800대의 "아우디 100"모델을 조립용으로 공급했으며, 이는 92년 16,945대의 "아우디 100"모델 공급으로 증가했다. "아우디"와 "FAW"간에는 기술이전 협정이 체결되어 "아우디" 기술자들이 "FAW"에 상주하고 있다. 코르튐(Franz-Joseph Kortüm) "아우디"사의 회장은, 93년에도 "아우디"가 전년과 비슷한 조립용 "아우디 100"모델의 대수를 "FAW"사에 공급할 것으로 전망하며, 이로서 중국에서의 "아우디"의 시장점유율이 높아질 것이라고 했다.

○ "아우디"사의 연간 경영 실적

(단위 : 백만마르크)

	1991	92
매출고	14,814	16,736
기업이윤	370	172
종업원(명)	38,205	37,738
인건비	2,936	3,094

투자	1,097	947
자본총계	5,390	5,794
자기자본	1,554	1,623
생산대수(대)	451,265	492,085
판매대수(대)	448,309	472,685
－국내	227,525	228,246
－수출	220,784	244,439
＝서구	175,584	189,017
＝미국	12,283	14,754
＝기타	39,927	40,668

○ "아우디"의 주요 수출 대상국

(단위 : 대)

	1991	92
이태리	40,331	47,879
프랑스	25,227	26,562
벨기에	19,328	20,297
영국	14,623	18,069
스페인	15,175	17,414
오지리	15,336	15,164
중국	7,824	15,100
미국	12,283	14,754
일본	14,253	12,952
스위스	11,082	12,157

본사 : 주소 : Postfach 10 02 20, 85002 Ingolstadt
　　　　Fax : (0841)－892 524
　　　　Tel : (0841)－890

아우디 본사 전경

전통과 현대의 성공적 결합임을 상징하는
폭스바겐 계열의 "아우디" 자동차

독일의 50대 기업 ㊶ :

아이 비 엠 도이취란트(IBM Deutschland)

○ "아이 비 엠 도이취란트"(IBM Deutschland)는 91년 매출고 148억 마르크 였으나, 92년 138억마르크로 매출고 감소와 더불어 처음으로 기업이윤이 적자가 됐다.
○ "아이 비 엠 도이취란트"의 연간 매출고 및 기업이윤

	1988	89	90	91	92
매출고 (억 마르크)	111	124	133	148	138
기업이윤 (백만 마르크)	645	755	692	473	−433

○ 동 기업은 92년 기업이윤 적자와 전년비 매출고 감소에도 불구하고, 컴퓨터분야에서 독일 제1의 기업이며 앞으로도 그러할 것이라고 93년 여름까지 사장이였던 한스-올라프 헨켈씨는 말했다. 그는 "Internatimal Business Machines Corp."(IBM)의 독일 자회사인 "아이 비 엠 도이취란트"에서 파리소재 "아이 비 엠 유럽"의 회장으로 옮겼다. "아이 비 엠 유럽"은 서구, 동

구, 중동, 아프리카 80개국에서 전체 종업원 90,000명에 92년 매출고 400억 마르크로서 세계 최고의 컴퓨터 기업 "IBM" 총 매출고의 약 절반을 차지하고 있다. 헨켈은 독일인으로서는 최초의 "아이 비 엠 유럽"회장이며, 그가 파리로 감으로서 콜 수상은 주요 경제자문의 한사람을 잃게됐다. 그는 콜 행정부의 영업세 개혁을 제안한 사람이였으며, 통독시기에는 전 동독수상 드메시어의 자문을 맡아 통일에 공헌했고, 통독후 "동부 부흥"의 조정자로서 기여했다.

○ "아이 비 엠 도이취란트"는 유한책임회사의 법적형태로서 홀딩회사이며, 주요 산하기업으로는 "아이 비 엠 도이취란트 개발", "아이 비 엠 도이취란트 생산", "아이 비 엠 도이취란트 정보시스템", "아이 비 엠 도이취란트 시스템 망"이 있다.

○ "아이 비 엠 도이취란트"의 연간 경영실적

(단위 : 백만마르크)

	1990	91	92
매출고	13,324	14,802	13,787
－국내	9,192	10,307	9,506
투자	1,676	1,745	1,406
자기자본	2,261	2,134	1,691
종업원(명)	31,767	31,536	29,592

본사 : 주소 : Postfach, Stuttgart
　　　Fax : (0711)-785 2519
　　　Tel : (0711)-785 0

아이 비 엠 도이취란트 (IBM Deutschland) *205*

슈투트가르트 소재 아이 비 엠 도이취란트 본사

독일의 50대 기업 ㊷ :

베르텔스만(Bertelsmann)

○ "베르텔스만"(Bertelsmann)은 출판, 영화, 레코드분야, 전자매디아 분야에서 활동하며, 91년 매출고 145억 마르크로서 독일의 42위 기업이다.
○ "베르텔스만" 모기업은 1855년 제본가 칼 베르텔스만(Carl Bertelsmann)이 독일의 페스트팔렌지방 귀터스로흐소재에 "베르텔스만"을 세우면서 시작했다. "베르텔스만"사는 초기에는 주로 동물스케치, 노래모음집, 설교집을 출판했으며, 창업자 칼 베르텔스만과 1849년 경영을 맡은 그의 아들 하인리히 베르텔스만은 베르텔스만사 특유의 사회후생적 기업문화를 이룩했다. 일과중의 무료의무봉사, 보너스지급, 기업내적 상이보험 및 노후연금, 연 3일 유급연가등이 이에 속한다.
○ 제1차대전 직전 "베르텔스만"의 종업원은 80명 이였으며, 출판의 비중은 종교(기독교적)서적과 교육용 서적에 두었다. 1930년대 말에는 이미 종업원의 수가 400명이였으며, 군수용 대형 출판생산주문을 받았다. 나치스시대에는 "소형 전선우편 시리즈"로 문학집을 1500만부 출판하여 전방으로 보내어 군인들의

사기를 고취했다. 종전인 1945년 3월 본사건물이 영국군의 폭격으로 파괴됐다.
○ 제2차 대전후 1949년 성탄절 경기가 악화되어 기업이 파산지경 일때에, 독자회원제를 도입하여 기업을 재건했다. 회원제 가입 독자들은 연간 회비로 분기당 2권의 책을 무료로 받았다. 회원의 수는 1954년 1백만에서 60년에는 290만이 됐다. "베르텔스만"의 회원은 91년 세계 16개국에 2,300만명이다. 본사는 귀터스로흐에 있다.
○ "베르텔스만"은 주요 자회사로 "BMG Ariola", "BMG Music Publishing", "Sonopress" 등이 있으며, 이들은 세계 여러나라에 진출해있다.
○ "베르텔스만"사의 연간 경영 실적

(단위 : 백만마르크)

	1990/91 (1990. 7−91. 6)	91/92 (91. 7−92. 6)
매출고	14,483	15,955
기업이윤	540	569
자본총계	7,931	8,356
자기자본	2,185	2,355
인건비	3,404	3,836
종업원(명)	45,110	48,781
−국내	20,723	23,351
−해외	24,387	25,430

본사 : 주소 : Carl-Bertelsmann-Straße 270, 33311 Gütersloh
　　　 Fax : (05241)−730 32
　　　 Tel : (05241)−800

208 독일의 50대 기업

독일 대중문화를 이끌어가는 베르텔스만사 본사

독일의 50대 기업 ㊸ :

루프트한자(Deutsche Lufthansa)

○ 독일의 항공회사인 "루프트한자"(Deutsche Lufthansa)는 91년 매출고 143억 마르크로 제43위 기업이다. 본사는 쾰른에 있다.
○ "루프트 한자"(Deutsche Luft Hansa)는, 1926년에 "도이췌 에어로 로이드"사와 "융거스 항공"이 합병하여 베를린에서 처음 설립됐다. "루프트 한자"는 동년 처음으로 베를린-쾨니히스베르크(지금의 칼리닌그라드)간의 야간정기노선을 설립하고, 베이징까지의 항로개설을 시도하는등 장거리 항로에 집중했다. 34년에는 유럽-남아메리카간의 우편항로를 열고, 37-39년간에는 뉴욕까지의 북대서양 횡단 항로를 정기적으로 시도하고, 방콕까지의 항로 서비스를 하며, 동경간노선을 시험했다.
○ 53년 동사는 다시 설립되어 본사를 쾰른에 두었으며, 54년 "루프트한자"(Lufthansa : 한단어임)로 개명됐다. 55년 국내취항이 정기노선화하고, 파리, 런던, 마드리드, 뉴욕간노선이 개설됐다. 56년에는 남미와 중동까지 취항했다. 59년 방콕노선에 이어, 61년 동경까지 연장됐다. 60년대에는 아프리카, 호주, 중미, 인도네시아, 동구노선이 개설되고, 70년대에는 장거리 여객기가

도입되어, 80년대에 세계각지로 취항했다. 서울간 직행노선은 84년부터 취항하고 있다.

○ 89년 "루프트한자"는 "에어 프랑스", "Canadair", "독일연방철도", "쾰른-본 공항"과 협력을 체결했고, 동년 동독장벽 붕괴 이후 동독의 라이프치히 및 드레스덴까지 정기 취항한다. 90년 베를린 항로가 추가되고, 구 동독의 항공"인터플루그"인수시도가 무산되었다.

○ 91년 1월 이락전쟁으로 말미암아 걸프해지역 취항이 취소됨으로서 동년 "루프트한자"는 18년 만에 처음으로 적자운영을 기록했다.

○ "루프트한자"의 주요 자회사로는 "콘드르 항공서비스", "루프트한자 Cargo Airlines", "루프트한자 Cargo", "루프트한자 City Line"이 있다.

○ 92년 연말현재 "루프트한자"는 총 214대의 항공기를 보유하고 있으며, 이중 Airbus A300이 11대, Airbus A310이 23대, Airbus A320 32대, Boeing 727 4대, Boeing 737 107대, Boeing 747 26대, McDonnel Douglas DC 10-30이 11대이다.

○ "루프트한자"사의 연간 경영실적

(단위 : 백만마르크)

	1991	92
매출고	14,318	14,955
투자	2,398	1,662
종업원(명)	50,283	50,759
인건비	4,475	4,648
자본총계	14,256	14,538
자기자본	3,664	3,053
기업이윤	-444	-373

○ 92년은 "루프트한자"사에서 하나의 전환점이 됐다. 기업이윤은 전년에 이어 2년째 적자를 보였다. 이락전쟁으로 인한 타격에 이어, 과잉설비로 가격을 억압하고, 국제경쟁은 더욱 첨예했다. 동사는 경영개선책으로 92년 여름 부실한 항공기 취항을 중지하고, 인원채용을 중단하며, 설비를 수요에 적응시켰다. 94년까지 종업원이 8,400명 감원될 계획이다. 임금은 1년간 동결됐다. 인건비절약이외에 또한 물품비 절약이 추진됐다. 국내선에는 새로이 "루프트한자 Express"가 운행되고, 단골고객들에게는 보너스 프로그람인 "Miles & More"가 시행됐다. 이러한 경제적 어려움에도 불구하고 "루프트한자"는 92년 카자키스탄의 수도 알마 아타간 항로를 개설했다. 동사는 또한 "DHL International"사에 자본참가 하므로서 항공화물의 "Door to Door"시장에 발을 들였다. 93년에도 특히 감원과 같은 경영개선책으로 생산성 향상과 경쟁력 강화를 노리고 있다.

○ "루프트한자"사의 93년도 상반기 경영실적

	1992.상반기	93.상반기	증감(%)
매출고 (백만마르크)	7,189	7,043	-2.0
－항공매출고	6,919	6,876	-0.6
＝여객	5,391	5,371	-0.4
＝화물/우편	1,528	1,505	-1.5
인건비 (백만마르크)	2,344	2,155	-8.1
1인당 연간 인건비 (마르크)	51,607	47,783	-7.4

취항회수(회)	197,572	190,539	-3.6
승객수(천명)	13,362	13,977	+4.6
화물/우편운송(톤)	560,176	564,299	+0.7

본사 : 주소 : Von-Gablenz-Straße 2-6, 50679 Köln
      Fax : (0221)-825 3818
      Tel : (0221)-826 0

루프트한자 (Deutsche Lufthansa) 213

독일 최대 항공사 루프트한자 본사

독일의 50대 기업 ㊹ :

도이췌 베페(Deutsche BP)

○ "도이췌 베페"(Deutsche BP)의 기업활동 분야는, 원유, 천연가스 및 기타광물유의 개발, 채취, 가공, 보관, 운송, 판매를 주로 하며, 이들의 부산물과 비 광물성 유지, 화학 생산품, 합성수지, 기타 여행중의 자동차와 여행자들이 필요한 물건과 수상용 및 항공 여행중의 필요한 동등한 물건을 취급한다. 동종분야의 모든종류의 설비 및 장비 생산과 공급도 한다. 육·해·항로 여행을 위한 서비스사업과 호텔, 요식업도 수행하고 있다.

○ "도이췌 베페"의 모 기업이 처음 설립된 것은 1904년이다. 제2차 대전후 독일의 부흥과정이던 1957년 유한책임회사에서 주식회사로 변신했다. 74년 "베페 석유"에서 "도이췌 베페"로 기업명이 변경됐다. 79년에는 "페바"(제5위기업)으로 부터 "겔젠베르크"주식회사를 인수했다.

○ 동사는 주종분야인 유류에서, 인골슈타트소재에 자회사 정유공장을 위시하여 국내에 수많은 자본참가회사가 있다. 화학분야에서는, 100% 자본투자한 "베페 Chemicals"사와 50% 자본참가한 "EC 석유화학"를 지배하고 있다. 기타 수개의 자본참가 화학기업들이 있다. 기타분야에서 엣센소재 "루르가스"사에

25.47% 자본참가해 있고, 역시 엣센소재에 100% 자본소유의 "겔젠베르크"가 있다.
○ "도이췌 베페"의 연간 경영 실적

(단위 : 백만마르크)

	1991	92
매출고	14,059	13,022
인건비	245	226
자본총계	5,728	5,577
자기자본	1,244	1,088
기업이윤	150	6
투자	1,518	1,493
종업원(명)	4,199	3,610
주유소수(개)	1,518	1,493

○ "도이췌 베페"의 92년도 기업이윤은 전년비 급격히 감소했으며, 93년에도 더욱 줄어들 것으로 베터만(Peter Bettermann) 회장은 예상했다. 이러한 주요 원인이 국내 경기의 침체와 외국의 국립 석유회사들의 독일 국내 진출 강화로 보고있다. 독일 국내에서의 "도이췌 베페"의 외국 경쟁사로는 독일국내 주유소에 "Tamoil"이란 상표의 유류를 보급하고 있는 리비아의 국영기업 "Oilinvest"와 프랑스의 "Elf Aquitaine", 노르웨이의 "Statoil"이 있다.
○ 독일의 유류업계는 침체가 계속되며, 93년 상반기에도 톤당 5－10마르크의 손실을 본것으로 추정되고 있다. "도이췌 베페"로 93년 연말까지 기업합리화를 위한 긴축재정이 계속될 것이며, 종업원의 수는 3,000명 미만으로 될 전망이다.

본사 : 주소 : Überseering 2, 22297 Hamburg
　　　Fax : (040)－639 52195
　　　Tel : (040)－639 50

함부르크에 있는 도이췌 베페 본사 전경

독일의 50대 기업 ㊺ :

아에게(AEG)

○ "아에게"(AEG)는 독일 제3의 전자분야 기업으로서, 91년 매출고 140억 마르크로서 제45위 산업기업이다. 본사는 마인강지역의 프랑크푸르트에 있으며, 다임러 벤츠(제1위)가 80.2% 자본참가해 있다.
○ "아에게"의 모체는 1883년 에밀 라텐나우가 베를린에 "응용전기의 독일 에디슨사"를 설립 하면서 시작했다. 1887년에는 동사가 "AEG"(Allgemeine Elektricität-Gesellschaft)로 됐다. (에밀 라텐나우는 유태계로서 그의 아들 발터 라텐나우가 바이마르 공화국때 외무장관을 지냈다.)
○ 1903년 "아에게"(AEG)는 "지멘스 할스케"사와 함께 유한책임회사로 무선전신회사 "텔레푼켄"사를 설립했다. 1941년에는 "텔레푼켄"사를 완전 인수했다.
○ 63년 "텔레푼켄"은 유한책임회사에서 주식회사로 되고 "아에게"와 합병하여 새로이 "아에게 텔레푼켄"사가 됐다. 동사는 69년 에너지공학에서는 "지멘스"와 협력을 체결했고, 발전소 및 터빈분야에서는 "KWU"(Kraftwerk Union)과 협력했다. 또한 "Trafo Union"과도 협력하면서 "하르트만 & 브라운"사에

자본참가했다.
○ 72년 가전제품분야에서 "브라운 보페리"사와 협력하고, "텔레푼켄 TV・라디오"사를 설립했다.
○ 73년 "지멘스"사와 함께 "KWU"에 출자하여, 핵에너지분야에서 한데에 집중했다.
○ 77년 "KWU"주식 50% 지분을 모두 "지멘스"에 양도했고, 80년대 초에는 경기침체를 극복하기 위해 노력하다가, 85년 "다임러 벤츠"에 의지하기시작했다. "아에게 텔레푼켄"은 동년 다시 "아에게"로 명의 변경됐다. 86년 "다임러 벤츠"사의 "아에게"에 대한 주식소유가 56%에 이르므로서 "아에게"는 "다임러 벤츠"의 콘체른 기업이 됐다. 87년이래 "아에게"는 국내외 타기업들에 대한 자본참가를 증가 혹은 감소하므로서 기업활동분야를 다졌다. 88년에는 정보, 통신, 사무용분야를 집중하여 "아에게 올림피아"를 설립했다. 자동화분야와 가전제품분야에서 미국기업들과 협력을 체결하고, 운송분야에는 "아에게 Westinghouse운송체제"를 설립했다.
○ 89년에는 우주, 항공, 방위산업을 분리하여 "다임러 벤츠"(제1위)가 85.3% 자본참가한 "도이췌 에어로스페이스"(제51위기업)에 넘겨줬다. 반도체분야에서 "지멘스"와 합작으로 자회사를 설립하고, 자동화분야의 강화를 위해 미국의 "Drive Control System"사와 "Westinghouse Factory Automation System"사를 인수했다.
○ 90년대 초에는 특히 구 동독의 전자공학 기업 (콤비나트)들을 인수했고, "도이췌 에어로스페이스"사와 협력을 밀착하는등, 국내외적으로 타기업에 대한 자본참가 및 인수를 강화했다.
○ 92년 "아에게"는 세계 107개국에 100여개의 자회사를 위시하여 수많은 자본참가 기업, 지사, 대리점을 가지고 있다. "아에게"가 진출한 도시별로 보면 독일 국내에는 81곳에 31개의 자

회사, 45개의 생산공장, 50개의 직매점이 있고, 유럽에는 128곳에 15개의 공장, 44개의 판매현지법인, 57개의 지점, 39개의 대리점이 있으며, 여타 세계에는 147곳에 13개의 공장, 36개의 판매현지법인, 34개의 지점, 143개의 대리점이 있다.

○ "아에게"의 기업활동은, 자동화공학, 전자설비 및 부품, 선로교통·운송체제, 가전제품, 미시전자의 5개 부문으로 나누인다. 분야별 주요공장을 보면, 자동화공학은 베를린, 빌레펠트, 뵈빙겐, 프랑크푸르트, 콘스탄츠, 파인하임등에 있고, 해외에는 호주, 브라질, 영국, 아일랜드, 카나다(2개소), 미국(4개소)에 있다. 전자설비 및 부품생산공장은 베를린, 브렌멘, 다름슈타트, 엣센, 드레스덴, 프랑크푸르트, 캇셀, 킬, 막데부르크, 포츠담 등과 해외의 벨기에, 그리스, 인도네시아, 이태리(2개소), 폴란드, 스웨덴, 스페인(2개소), 터키, 헝가리, 미국에 있다. 선로교통·운송 체제분야의 생산공장은 뉘른베르크, 베를린, 프랑크푸르트, 브라운슈봐이거등과 미국에 있다. 가전제품생산은 캇셀, 뉘른베이크, 로텐부르크에서 한다. 미시전자 생산공장은 인골슈타트, 베를린, 뉘른베르크, 울름 등과 해외의 프랑스, 오지리, 미국, 필립핀의 마닐라, 대만의 카오슝에 있다.

○ "아에게"의 연간 경영 실적

(단위 : 백만마르크)

	1990	91	92
생산주문	14,156	14,588	12,100
－국내	7,900	8,188	7,403
－수출	6,256	6,400	4,696

매출고	13,149	14,000	11,595
－자동화공학	2,712	2,999	2,969
＝수출비중(%)	44	44	40
＝종업원(명)	16,953	16,491	16,008
－전자설비 부품	4,546	4,739	3,127
＝수출비중(%)	38	34	38
＝종업원(명)	23,705	24,290	17,711
－선로교통운송 체제	722	1,011	1,493
＝수출비중(%)	40	40	39
＝종업원(명)	3,885	4,078	7,490
－정보·통신 사무기기	1,127	820	－
＝수출비중(%)	53	62	－
＝종업원(명)	7,765	5,698	－
－가전제품	2,817	2,987	2,653
＝수출비중(%)	48	47	42
＝종업원(명)	12,516	12,428	10,052
－미시전자	1,050	1,278	1,188
＝수출비중(%)	47	59	50
＝종업원(명)	10,339	11,467	7,763
－기타	165	166	1,353
인건비	4,936	5,127	4,451
1인당연간 인건비 (마르크)	64,245	66,295	69,936
자본총계	9,119	8,941	8,816
자기자본	2,044	1,880	1,547
투자	814	896	813

－국내	692	621	696
－해외	122	275	117

본사 : 주소 : Theodor-Stern-Kai 1, 60596 Frankfurt/M

　　　Fax : (069)－600 5400

　　　Tel : (069)－600 0

프랑크푸르트시의 강변에 자리잡은 아에게 본사 전경

레겐스부르크의 공장내부

중국으로 수출되는 지하철

독일의 50대 기업 ㊻ :

루르가스(Ruhrgas)

○ "루르가스"(Ruhrgas)는 모든종류의 에너지용 가스를 취급하며, 이와연관된 경제적, 기술적 기업활동을 하는 기업이다.

○ 모 기업은 1926년 루르지방의 석탄 신디케이트의 화사들에 의하여 엣센에 세워졌다. 1928년에는 "에르 페 에"(제6위 기업)로 부터 300km에 달하는 수송관을 포함한 가스분야를 인수했다. 동년 기업명이 주식회사 "루르가스"로 됐다.

○ 제2차 대전으로 공장과 가스수송관이 크게 파손됐으나, 이미 46년에 98% 복구하여 10억m³의 가스를 수송했다.

○ 60년대 전반기에는 국내생산 업체들과 계약하여 가스공급을 확보하고, 66년에는 네넬란드의 "NAM Gas Export"사와 가스공급 계약을 맺었다. 70년에는 모스코바의 "소유즈넬테 수출"사로부터 연간 30억m³의 가스공급을 계약했다. 이러한 공급량은 72년 70억m³, 74년 95억m³로 증가했다. 70년대에 노르웨이로부터의 가스 공급도 증가시켰으며, 79년 덴마크로부터의 수입도 체결했다. 80년대 이후 "루르가스"는 네델란드, 러시아, 노르웨이의 3공급축으로 부터의 수입을 확장하여, 국내에서의

공급가격안정을 추구하는 동시에, 덴마크로 부터의 수입도 개선했다. 본사는 엣센에 소재한다.

○ "루르가스"의 연간 경영 실적

(단위 : 백만마르크)

	1991	92
매출고	13,579	12,507
인건비	403	395
기업이윤	666	664
자본총계	7,793	7,604
종업원(명)	2,962	3,046
총수송관(km)	8,771	9,107
지하저장용량 (백만 m^3)	2,981	3,047

○ "루르가스"에 의하면, 92년 세계의 천연가스생산량은 mineral coal unit단위로 26억 톤이며, 이중 러시아 28%, 미국 23%, 카나다 5%, 네델란드, 알제리아, 투르크멘니스탄이 각 3%, 영국, 인도네시아, 우즈베키스탄이 각 2%, 사우디, 노르웨이, 멕시코, 루마니아, 우크라이나, 독일이 각 1%이고, 여타 생산국들은 1% 미만인 나라들이다.

○ 92년 현재 세계의 채취 가능한 가스보유량은 1,691억톤이며, 추가보유 추정량은 2,412억톤이다.

○ 세계의 가스 잠재 보유량, 92년 현재

(단위 : 억톤)

	채취 가능	추가 추정량
CIS 및 중·동구	680	1,295
중동	527	425
미국	58	192

극동 및 태평양	118	126
아프리카	120	97
서구	65	96
카나다	33	95
남미	65	64
중미	25	21

○ "루르가스"는, 92년 세계 천연가스교역량을 5억 6,100만 톤으로 추산하고 있다. 이를 수출국별로 보면, 러시아 42%, 카나다12%, 네델란드 8%, 알제리아 8%, 인도네시아 7%, 투르크멘니스탄 6%, 노르웨이 6%, 말레이시아, 우즈베키스탄, 브루네이가 각 2% 등이다. 또한 수입국에서는, 우크라이나 19%, 미국 12%, 독일 12%, 일본 11%, 이태리 7%, 프랑스 7%, 백러시아 4%, 첵코 3%, 벨기에 3%, 카자키스탄 2%, 아자바이잔 2% 등이다.

○ 92년 독일 천연가스의 시장규모는, 서독지역이 7,700만톤으로 이중 국내산 23%, 네델란드산 35%, 러시아 26%, 노르웨이 15%, 덴마크 1%이다. 동독지역은 900만톤으로, 이중 서독지역으로 부터의 공급을 포함한 국내공급이 38%이고, 나머지 62%는 러시아에서 수입된다.

○ 서독지역의 에너지원 별 구성비

(단위 : %)

	1991	92
천연가스	18	18
석탄	19	18
갈탄	8	8
유류	41	42
원자에너지	12	12
기타	2	2

○ 서독지역의 92년 총 에너지 소비는 4억 620만톤으로서 전년비 약 300만톤 감소했으며, 동독지역도 동 기간에 8,430만톤에서 7,450만톤으로 크게 감소했다.

○ 동독지역의 에너지원별 비중, 1992년

	톤	전년비 증감(%)	비중(%)
천연가스	8.7	+4.0	11.7
유류	22.8	+10.0	30.6
석탄	2.7	-16.0	3.6
갈탄	40.5	-22.9	54.4
기타			
총계	74.5	-11.6	100.0

○ 독일의 에너지원에서 천연가스가 차지하는 비중은 1/5에 미달하며, 가스의 4개의 축이 국내산외에 네델란드, 러시아, 노르웨이이다.

○ "루르가스"는, 노르웨이의 북대서양 해저토롤펠트가스밭의 공급을 확대하여, 93년 10월부터 최고의 고객이 됐으며, 러시아로 부터의 공급확대도 추구하고 있다. 현재 러시아의 가스 업체 "가즈프롬"과 협상중이며, 백러시아와 폴란드를 통과할 운송관 건설은 재정적 및 정치적 안정이 전제조건이다. 러시아로부터의 공급확대로 2005년 독일 가스시장에서의 러시아가스의 시장점유율은 31%로 예상하나, CIS국들의 정치불안정으로 독일의 대러시아 가스의존이 입을 영향을 우려하여 대응책도 강구중이다.

본사 : 주소 : Huttropstraße 60, 65138 Essen
　　　Fax : (0201)-184 3766
　　　Tel : (0201)-184 0

루르가스 (Ruhrgas) **227**

지하 송유관 설비후의 자연

지하 송유관 공사중

엣센 소재의 현대식 건물로 우뚝선 루르가스 본사

독일의 50대 기업 ㊼ :

데구싸(Degussa)

○ "데구싸"(Degussa)는 세계 3대 귀금속 가공 및 유통업체로서, 동사의 순금괴 및 순은괴는 세계시장에서 인정될 뿐만 아니라 런던, 뉴욕, 시카고의 국제증시에서 거래된다. 동사는 또한 화학, 제약분야에도 활동하며, 환경보호지향적 화학분야에서는 막강한 세계시장 점유율을 차지하고 있다.

○ 모 기업이 처음 설립된 것은 1873년이며, 1880년에는 도자기 공업 및 유리공업을 위해 열에강한 광택이나는 금을 생산하기 시작했다. 1882년부터 여타의 도자기공업용 염료를 생산했다. 1885년에는 뉴욕에 생산공장을 가진 "The Roessler & Hasslacher chemical company"를 설립했으나 1차대전으로 상실했다. 1898년 런던소재 "Alminium company Ltd."와 합자로 프랑크푸르트에 "전자-화학 공장 나트륨"을 세웠으며, 동사는 라인펠덴소재에 생산공장을 건립하여 오늘날 "데구싸"공장이다. 1905년 쾰른소재 "화학공장 페쎌링"의 설립에 출자하여 또한 오늘의 "데구싸"공장이다. 1906년 하나우소재 "지베르트"사에 자본참가하여, 이는 오늘날 "데구싸"의 하나우소재 지점이

다. 1910년 오지리의 케른텐지역에 "화학공장 파이쎈슈타인"의 설립에 자본참가하여, 이는 현재 "데구싸 오지리"이다.
○ 1차대전후 1919년 포르쯔하임소재 "리히터 박사"사를 인수하여, 오늘의 포르쯔하임 지점이다. 1930년대에는 나아가 제약, 혁제기업과 카본블랙등 화학기업들에 자본참가 하거나 인수했다.
○ 1950-60년대에는 국내기업들 이외에도 브라질, 이태리, 벨기에에 투자했다. 1969년에는 "베 아 에스 에프"(제8위기업)사와 합자로 합성수지 생산공장 "울트라폼"을 루드뷔히스하펜에 설립했다.
○ 1970년대에도 미국, 프랑스, 카나다 등 주로 해외기업을 확장시키고, 79년에는 금융분야를 독립시켜 프랑크푸르트에 "데구싸은행"을 설립했다.
○ 81년에는 독일, 호주, 미국의 회사들이 컨소티움을 설립하여 파푸아-뉴기니아 서부의 금과 구리채광에 "데구싸"가 참가했다.
○ 83년엔 홍콩에 현지법인 "데구싸 Pacific Ltd."를 설립하여, 85년에는 타이페이와 서울에 이의 지점이 확장됐다. 또한 85년에는 한국기업(Oriental Chemical Industry Co. Ltd.)과 합자로 서울에 자동차 배기가스 정화장치 공급을 위해 "Ordeg Co. Ltd." 사를 설립했다. 80년대에는 특히 미국에 자본참가를 확대하거나 카본블랙공장을 인수하므로서 유럽 제2의 카본블랙 생산업체가 됐다.
○ 90년에는 오지리, 네델란드, 한국, 타일란드에 기업을 확장하고, 91/92년도에는 슬로박, 미국, 일본에 합자회사를 설립하고, 93년에는 "데구싸"의 도자기염료 및 특수생산분야를 바젤소재 "시바 가이기"사와 합자기업인 프랑크푸르트소재 "세르덱"사에

이양했다.
○ "데구싸"의 공장은 세계 25개국에 있으며, 국내의 주요 공장은 하나우, 포르쯔하임, 보이엘, 프랑크푸르트, 크나프자크, 라인펠덴, 페쎌링, 몸바하 등에 있다. 무역거래국은 세계 120개국이며, 국내외에 150개 이상의 전문판매대리점이 있다.
○ 93년 연말 "데구싸"는 중국 킹다오에 카본블랙 특허 생산공장을 계약 3년만에 완공하여 가동하고 있다.
○ "데구싸"의 연간 경영실적(10월 1일 – 익년 9월 30일)

(단위 : 백만마르크)

	1990/91(90. 10. 1 – 91. 9. 30)	91/92
매출고	13,350	12,815
기업이윤	99	121
자본총계	7,142	7,519
자기자본	1,402	1,759
투자	783	605
인건비	2,742	2,716

○ "데구싸"의 산업분야별 매출고는 91/92년도 화학 46%, 금속 34%, 제약 20%이다. 이는 지역별 분포에서는 국내 37%, 기타 EC 23%, 기타유럽 9%, 북미 13%, 아시아 11%, 기타 7%이다.
○ "데구싸"의 월 평균 금, 은 시세, 1992년

(단위 kg당, 마르크)

	금	은
1월	18,577.27	217.01
4	18,551.00	222.80
7	17,466.52	197.38
10	16,945.45	185.38

○ 서방세계의 용도별 금 소비 비중, 1992

(단위 : %)

	금
장식	87
전자	6
치과	3
기타	4

○ 서방세계의 용도별 은 소비비중, 1992

(단위 : %)

	은
장식/은제품	25
필림/사진	44
전자	14
기타	17

○ 서방세계의 금 생산과 산업분야별 및 지역별 수요량

(단위 : 톤)

	1991	92	증감(%)
금채광 생산	1,769	1,785	0.9
－남아프리카연방	598	604	1.0
－미국	299	315	5.4
－호주	236	235	－0.4
－카나다	175	160	－8.6
－기타	461	471	2.2
＝브라질	76	70	－7.9
＝필립핀	30	35	16.7

=파푸아-뉴기니아	60	70	16.7
재생산 금(헌금)	463	434	-6.3
CIS 판매금	350	270	-22.9
총 공급	2,582	2,489	-3.6
총 수요	2,197	2,246	2.2
장식	1,900	1,955	2.9
전자	145	133	-8.3
치과	59	64	8.5
기타	93	94	1.1
유럽	803	814	1.4
북미	200	202	1.0
일본	208	197	-5.3
기타	986	1,033	4.8
공식금화	164	100	-39.0
투자용 금괴	221	143	

○ 서방세계의 은 생산과 산업분야별 및 지역별 수요량

(단위 : 톤)

	1991	92	증감(%)
은 채광생산	11,560	11,480	-0.7
-멕시코	2,250	2,400	6.7
-미국	1,850	1,820	-1.6
-페루	1,770	1,500	-15.3
-카나다	1,290	1,150	-10.9
-호주	1,180	1,080	-8.5
-기타	3,220	3,530	9.6
재생산 은	3,280	3,450	2.1

총 공급	14,940	14,930	-0.1
총 수요	15,090	14,750	-2.3
필림/사진	6,520	6,530	0.2
장식/은제품	3,780	3,600	-4.8
전자	2,130	2,050	-3.8
기타	2,660	2,570	
유럽	6,810	6,490	-4.7
북미	3,690	3,680	-0.3
일본	3,380	3,260	-3.6
기타	1,210	1,320	9.1
공식은화	860	900	4.7
투자용 은괴	-1,010	-720	

본사 : 주소 : Weißfrauenstraße 9, 60311 Frankfurt
      Fax : (069)-218 3218
      Tel : (069)-218 0

데구싸 의 기능공 양성을 위한 실습실로 한 견습공이 실습하고 있다

데구싸 (Degussa) **235**

데구싸 본사 전경

Amts-Blatt
der freien Stadt Frankfurt.

(Expeditions-Comptoir am hl. Geistpförtchen, Lit. M No. 214?.)

№ 149. Dienstag, den 13. Dezember 1842.

Amtliche Bekanntmachungen.

Bekanntmachung,
die Scheide-Anstalt der hiesigen Münze betreffend.

Das Rechnei- und Renten-Amt bringt hierdurch zur öffentlichen Kenntniß, daß die Scheide-Anstalt der hiesigen Münze vom 2. Januar 1843 an durch Herrn Münzwardein Rößler in Betrieb gesetzt werden wird und daß für die Uebernahme von Scheidegut die Preise und Scheide-Gebühren vorläufig, wie nachfolgende, bestimmt sind:

a) Die Preise,
auf 24 fl. 12 kr. für die Mark feines Silber, und auf 373 fl. für die Mark feines Gold;
b) Die Scheide-Gebühren von der rauhen Mark,
von dem 14 Loth oder 875 Tausendtheile fein, oder darüber haltenden güldischen Silber, wenn nämlich unter 4 Loth Gold in der Mark, auf . . . . 36 kr.,
von dem unter 14 Loth haltendem güldischen Silber auf . . . . 48 kr.
vom Gold, d. h. wenn 4 Loth Gold oder darüber in der Mark bei einem Feingehalt von 0,875 oder darüber, auf . . . . 1 fl.
und bei einem Gehalt von weniger als 14 Loth oder 0,875, auf . . 1 fl. 12 kr.
Für größere Parthien Scheidegut sind ohne Rücksicht auf dessen Goldgehalt nur 36 kr. Scheidekosten auf die rauhe Mark zu vergüten, wenn der Feingehalt 14 Loth oder 0,875 übersteigt.

Etwaige weitere Ermäßigung, wie auch die Zahlungsweise, ob in baarem Gelde oder in geschiedenem Gold und Silber, bleibt der besonderen Uebereinkunft zwischen den Betheiligten und dem Herrn Wardein Rößler überlassen.

In Betreff der Gehaltsbestimmung bleibt es einem Jeden unbenommen, bei der Ueberlassung von Scheidegut eine Gegenprobe zu verlangen, zu welchem Zwecke dem Herrn Münzmechanikus Tomschitz die Funktionen des Gegenprobirers übertragen sind.

Die Probegebühren sind für das Probiren der ganzen Masse, wie nachfolgend bestimmt:
a) vom Gold aller Gehalte auf . . . . . 1 fl.
b) vom Silber aller Gehalte auf . . . — 30 kr.
c) vom güldischen Silber auf . . . — 45 kr.

wobei die dem Probirer verbleibenden Probestückchen und Körner vom Gold auf $4/1000$ Mark und vom Silber auf $16/1000$ Mark bestimmt sind.

Frankfurt a. M., den 10. Dezember 1842.

Rechnei- und Renten-Amt.

독일의 50대 기업 ㊽ :

헨켈(Henkel)

○ "헨켈"(Henkel)은 (빨래) 세탁제, 청소제로 출발하여, 지금도 이의 생산이 기업의 주요활동인 독일의 50대 기업이다. 생산주종분야는 세탁제/청소제외에 화학생산품, 보건/공업세제, 접착제/화공학제품, 화장품/신체세척가꿈 제품의 5개이다. 본사는 뒤셀도르프에 소재한다.
○ 생산공장은 국내에 뒤셀도르프, 베를린, 하노버, 함부르크, 크레펠트, 지그부르크등 19여개소이며, 여타 유럽에 40개, 여타 세계에 60개 가량있다. 약 100개 가량의 국외 공장중, 주요공장은 미국, 네델란드, 벨기에, 프랑스, 스위스, 이태리, 브라질, 멕시코, 스페인, 남아연방, 일본, 터기 등에 소재한다.
○ "헨켈"의 역사는 프리쯔 헨켈이 1876년 앗헨에 "헨켈"(Henkel & Cie)를 창업하면서 시작했다. 2년 후인 1878년 회사를 뒤셀도르프로 옮겨서 자사 상표로 "표백용소다"를 생산했다. 1880년대에는 세탁제에 대한 원료를 개발, 특허하고 1900년 뒤셀도르프에 "현대식"공장을 지어 1907년에는 세탁제 "페르질"을 시장에 선보였다. 1913년에는 최초의 자회사를 스위스의 바젤

에 세웠다. 1917년 두이스부르크 소재 소다공장 "마테스 페버"를 사들이고, 23년 본사에 접착제 생산부를 신설했다. 32년에 고급세탁제 "페파"를 세상에 내놓았다.

○46년 "폴리콜로"를 설립하므로서 화장품 분야에도 발을 들였다. 54년 일본에 "Nippon Henkel Chemicals"사를 설립하여 동아시아 시장을 개척하고, 55년 브라질에 "헨켈 브라질"을 세웠다.

○60년엔 미국의 "Standard Chemical Products"사를 인수했다. 61년 뒤셀도르프에 첫 연구센터를 건설하여 연구·개발에 박차를 가했다.

○60-70년대에는 세탁제, 접착제, 청소제, 화장품을 개선하고, 생산분야를 확장했다. 82년 "프리쯔 헨켈 재단"이 설립되어 기술분야에 수상되었다. 86년 스페인등에 자본참가했고, 영국에선 수공구 유통업체를 인수했다. 87년에는 제2의 연구센터를 미국에 형성시켰다.

○통록후 90년 동독지역소재 세탁제 공장 "겐틴"을 되찾았다. "헨켈"은 동년 러시아 기업과 합자로 러시아의 볼가강유역 엔겔스 소재에 "소브헨크"를 세웠다. 93년에는 역시 러시아의 페터스부르크 인근의 토스노소재 국영 "에라"의 민영화에 참가하여 주식의 39%를 차지했다. 회사명의 변경없이 주식회사로 변신한 "에라"는 세탁제, 접착제 생산업체로서 주식의 50.4%가 종업원들에 분산 불하됐으며, 나머지 10.6%는 레닌그라드 지방기금이 소유하게 되어, 대 주주 "헨켈"이 기업을 이끌어 나가고 있다. "헨켈"은 이미 90년부터 신설 "소브헨크"사를 통하여 "에라"사에 접착제 특허생산을 주고 있었다. 39%의 주식인수를 포함하여 "헨켈"은 "에라"에 3,900만마르크를 투자할 계획이며, 이는 생산설비, 폐수정화 장치, 실험공학 및 과정조정공학, 판매체재, 종업원교육에 투자될 것이며, 기술이전이 심화될 것이다.

○"헨켈"은 일찍부터 기업의 구조전환을 인식한 기업의 하나로서

"기업문화의 진화"를 서두르고 있다. 기업은 그속에서 인간들이 서로 신뢰위에서 협력하여 일하며, 능률과 기업가 정신을 요구하고, 촉진하며, 높이평가하는 공동체로 보고있다. 이는 그자체가 목표가 아니라, 이로서 경쟁을 위한 장점들이 이룩될 수 있다고 "헨켈"의 경영인들은 믿고 있다. 공무원, 군, 테일러리즘의 3뿌리와 같은 "전통적 독일의 조직"이 신뢰의 조직으로 변천해야 한다고 본다. 권위는 줄어져야 하며, 헨켈에서의 종업원들의 승진은 졸업장, 신분, 월급구럽, 결재권한에 있는 것이아니라, 기업을 위한 종업원의 중요성 여하에 달려있다. 종업원의 개인적 능력과 과제가 오늘날 승진을 결정짓고 있다. 이에는 "부하" 직원의 수나 예산규모는 영향력이 없다. 기업의 기존 구조나 사고의 변천과 변화한 새로운 문제해결책, 다른 견해가 미래의 성공의 엔진이라고 본다.

○ "헨켈"사의 연간 경영실적

(단위 : 백만마르크)

	1991	92
매출고	12,905	14,101
기업이윤	443	402
자본총계	9,914	10,142
자기자본	4,066	3,546
투자	1,363	2,197
연구개발비	400	414
종업원	41,475	42,244
－국내	18,420	17,773
－국외	23,055	24,471

본사 : 주소 : Henkelstraße 67, 40589 Düsseldorf
　　　Fax : (0211)－769 7
　　　Tel : (0211)－797 0

240 독일의 50대 기업

경영진과 노동자의 신뢰를 중시하는 헨켈 본사 전경

헨켈(Henkel) *241*

헨켈의 창업자
프리쯔 헨켈(1880년)

초기 헨켈사의 심벌인 세계 최초의
세탁기용 세탁제 페르질(1907년)

헨켈 창업기의 뒤셀도르프 공장(1878-1880년)

체계적 연구의 시초 헨켈의
연구소(1905년경)

헨켈의 종업원 식당의
부엌(1926년)

독일의 50대 기업 ㊾ :

크벨레(Quelle Schickedanz)

○ "크벨레"(Quelle Schickedanz)는 유통기업으로서 89/90(89.2월 – 90.1.31)년 매출고 107억마르크로서 독일의 50위 산업기업이며, 90/91년 매출고는 126억 마르크로서 49위이다. 91/92년, 92/93년도에는 매출고가 각각 147억 마르크, 153억 마르크로 증가했다. "크벨레"는 통신판매, 백화점, 모드통신판매, 안경, 사진, 여행업, 특수통신판매사로서, 본사는 뉘른베르크 인근 퓌르트에 소재한다. 독일국 최초의 철도가 1843년 뉘른베르크－퓌르트간 3－4km개통된 곳이기도 하다.

○ "크벨레"의 창업자는 구스타프 쉬케단쯔(Gustav Schickedanz)로서, 1923년 퓌르트에 면직, 모직제품 판매업을 시작하였으나, "크벨레(Quelle)사를 창설한 것은 1927년이다. 통신판매업인 "크벨레"의 고객은 1936년 1백만을 헤아렸으며, 창설 11년후인 38년 매출고는 4,000만(독일국)마르크 였다. 39년에는 고객수가 2백만명을 능가했다.

○ 제2차 대전으로 "크벨레"의 고객카드가 분실되고 건물이 완전히 파괴되었다. 1946년 구스타프 쉬케단쯔의 처 그레테 쉬케단

쯔가 뉘른베르크 근처 헤르스부르크 소재에 섬유·의류상을 전후 처음 개업하고, 48년에는 "크벨레"를 설립하여 설립 첫해의 연간 매출고가 32만 마르크였다. 이듬해인 49년 매출고는 1,200만 마르크로 폭주했으며, 최초의 백화점이 퓌르트에 설립됐다. 55년 다시 고객수가 2백만에 달했으며, 뉘른베르크에 통신판매 센터가 문을 열고, 오늘날 "노리스 은행"의 전신인 "노리스 구매지원"이 설립됐다. 59년 오지리에 지점이 진출했다.

○ 60-70년대에는 주유소, 사진, 여행분야에도 기업활동을 확대했으며, 하아겐소재 통신판매기업 "쇠플린"에 자본참가 하고, 프랑스에 지사설립을 했다.

○ 80년대에는 보험업에도 진출하고, 헝가리에 통신판매업을 개시했다. "진"사를 인수하고, 특수 통신판매기업 "엘레간스" "페터한"을 합병하고, 요식업에도 기업활동 분야를 넓혔다.

○ 89년 동구개방 직전에는 당시 소련기업과의 합자기업 "인터모다"를 설립하므로서 구 소련에 진출했으며, 통독전 90년 봄에는 구동독의 파이다소재에 통신판매 대리점을 설립했다. 동년 스페인에 합자기업 "크벨레 분배"를 설립했고, 동독지역 투자를 대폭 확대했다. 91년에는 라이프찌히에 대 동구 거점 통신판매 센터가 시공되었으며, 대지 65ha에 건축면적 115,000m^{2}로서 완공후 하루 18만개의 소포가 우송될 것이다. "크벨레"는, 동구국들의 의류생활에서는 특히 색감과 미니에 있어서 유럽 평준화를 위한 따라잡기 수요가 큰것으로 보고있다.

○ "크벨레"는 독일 제2의 섬유공급업체이며, 전자, 기계분야의 통신판매 등의 유통업에서도 활동하며, 유럽 14개국에 통신판매업을 하고있다. 통독이후에는 중동구에 집중하여 진출하며, "크벨레"의 생명은 상품의 품질에 있다. 최근에는 **환경공해가 적은 제품개발**에 주력하고 있다.

크벨레 (Quelle Schickedanz) **245**

○93년까지 그레테 쉬케단쯔가 회장직을 맡아 왔으나, 93년 5월 그의 사위 볼프강 뷜러가 회장에 취임하고, 현재 그레테 쉬케단쯔는 명예회장이다. 그레테 쉬케단쯔는 15세의 어린나이로 "크벨레"에 견습여공으로 입사하여 1942년 그의 사장과 결혼했다. 93년 현재 82세인 그녀는 직업경험이 66년이며, 제2차 대전후 "크벨레"를 재건했고, 1977년 그의 남편 사후 사위들과 함께 어떠한 마찰도 없이 기업을 운영하고 있다. 그는 기업의 구매, 판매, 재무관리에 탁월한 전문지식을 소유하고 있을 뿐만 아니라, 이러한 전문지식과 인품을 바탕으로 수많은 수상과 명예직을 갖고 있다. 최근의 그의 중요한 결정은 라이프치히소재 통신판매 센터건설이다. 현재 다른직과 더불어 그리스의 명예총영사이다.

본사 : 주소 : Postfach, Fürth
　　　　Fax : (0911)-706 735
　　　　Tel : (0911)-140

크벨레 본사 전경

주문된 통신판매의 상품이 분류되고 있다.

크벨레 (Quelle Schickedanz) **247**

포장되는 크벨레 상품

포장되어 실려나가는 광경

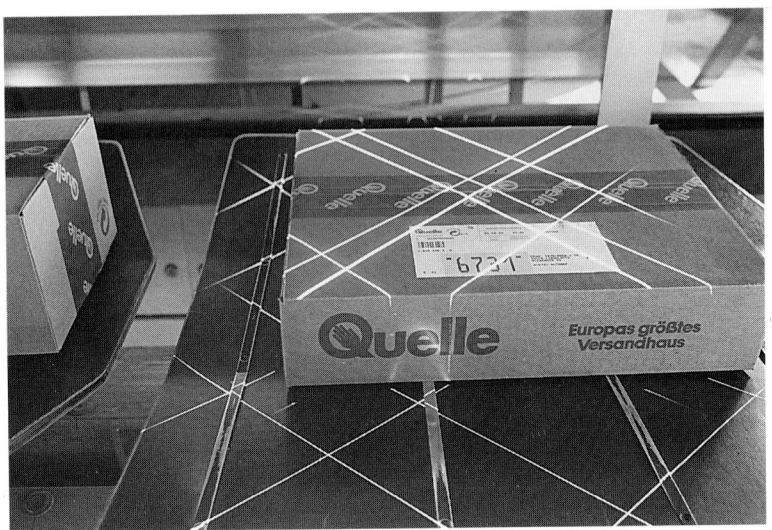

배달직전의 크벨레 상품.
유럽최고의 통신판매라 쓰여있다.(EC 매출고 기준)

회원들에 우송되는 크벨레의 두꺼우면서도
세심하게 다듬어진 주문책자

크벨레 상품의 주문은 전화 한통화로 가능하며,
독일 어디서든지 주야로 주문할 수 있다.

독일의 50대 기업 ㊿ :

게델피(Gedelfi-Gruppe)

○ 쾰른에 본사를 둔 유통기업인 "게델피"(Gedelfi Gruppe)는 90년 매출고가 110억 마르크였으나 91년 두자리수의 매출고 증가율을 실현하여 전년에 이어 독일의 50위째 자리를 고수하는 기업이다. 92년에도 전년비 두자리수의 매출고 증가율을 보여, 동기업의 약 80년 가까운 역사에서 최고의 성공적인 해를 기록했다.
○ "게델피"의 연간 매출고

(단위 : 백만마르크)

1990	91	92
11,026	12,372	14,047

○ "게델피"의 주종 취급 품목은 고급식품을 위시하여 마가린, 과자류, 화장품, 신체세척보호제, 포도주, 샴페인, 맥주, non food 류, 담배, 육류, 과일, 채소, 세제, 유아식품, 식이요법 식품, 무공해자연 식품, 애완용 동물 사료, 비타민류의 의약품이다.
○ 합자회사인 "게델피"에 가장 많은 자본참가한 기업이 "슈파"였으나, "슈파"가 91년, 92년 2년간의 성공적인 매출고 달성을 끝

으로 갑자기 92년 말을 기한으로 손을 떼는 바람에 93년 이를 계기로 "에데카"의 "게델피"에 대한 자본참가 비율이 지금까지의 24.9%에서 50%로 증가했다. "슈파"의 결정으로, 식료품 및 non food품목에서의 공동구매가 더이상 가능하지 않게 되었으나, 그러나 함부르크소재 "에데카"와 93년 2월초 증자에 대한 가계약이 체결됨으로서 "에데카"와 "게텔피"간의 협력이 완전하게 됐다.

○ "게델피"의 구매활동에 있어서의 양 축인 해외 자회사 "게델피 프랑스"와 "게텔피 헬라스"는 앞으로도 이들의 활동이 여전할 것이며, 이에 93. 1. 1일부터 국내 자회사인 "인터몬도 상품유통"사가 "게텔피"의 수입에 관한 기업활동을 완전히 떠맡고 있다.

○ "게델피" 매출고의 상품류별 비중

(단위 : %)

	1991	1992
비가공의 신선한 식품	31	31
건조 식품	28	26
화공 제품	16	17
음료·담배	16	16
non food	8	9
기타	1	1

○ "게델피"는 1913년 프랑크푸르트에서 4개의 식료품 유통업체들이 설립했으며, "레페" 및 "에데카"와 마찬가지로 당시 식료품 유통업계에서의 경쟁우위를 달성하기 위하여 조합형태로 창설되었다. 2차 대전후 본사를 오늘의 쾰른으로 옮겼다.

○ 현재 자본참가기업으로는 "에데카"이외에 엣센소재의 "칼슈타

트", 뮌헨글라트바하 소재의 "알카우프", 오스나브뤼크소재의 "이어 플랏츠", 퓌르트소재 "노르마"사 이외에 25개 기업이다.

○ 자회사로는 "인터몬도 상품유통", "게델피 프랑스", "게델피 헬라스"가 있다. 쾰른에 소재하는 "인터몬도 상품유통"은 게델피의 전수입을 관장하며, 주요 품목은 육류, 냉동식품, 야생육류, 날짐승, 통조림, 음료, 담배, 건조과일류등이다. 함부르크를 통하여 주로 수입하고 있다.

○ 남 프랑스 아비그뇽에 소재하는 "게델피 프랑스"는, 남프랑스 및 북스페인에서 신선한 과일과 채소를 사들여 이를 여타 유럽국들에 공급하고 있다.

○ "게델피 헬라스"는 그리스의 크레타섬의 이라클리온에 소재하며, 과일통조림, 건조과실류, 섬유류를 유럽국들과 아르헨, 브라질, 일본, 카나다에 공급하고 있다.

본사 : 주소 : Postfach, Köln

　　　Fax : (0221) - 489 6449

　　　Tel : (0221) - 489 60

게델피 본사

게델피에 자본참가한 25개 회사 대표들이
회의를 갖기 앞서 대화를 나누는 장면

지은이 소개

최상훈(崔相勳, SANG-HUN CHOE)

1946년 경북 경주생으로 고려대 독문과를 나와 공무원 생활을 하다, 독일 하이델베르크, 베를린, 함부르크에서 수학했다. 1988년 함부르크대에서 농업경제사의 논문으로 석사학위를 했고, 1994년 역시 함부르크대에서 기업사의 논문으로 박사학위를 했다.

1990년이래 국내 일간지 및 대학 전문계간지 등에 통독이후의 독일 경제관계 중심으로 수많은 기고를 하였다. 폴란드 잡지에도 경제관계 기고를 했고, 독일 기업사학회지(쾰른)에 기업사에 관한 논문을 발표했다. 1994년 여름학기에는 베를린의 훔볼트대학 경제학부에서 기업사 강의("Vorlesung")에 대한 시간강사를 맡았다.

독일의 "Allgemeiner Hamburger Presse-Club", "Die Auswärtige Presse in Hamburg", "Ostasiatischer Verein"(OAV), "Internationale Wolfgang-Borchert Gesellschaft" 등에 회원으로 있다.

독일의 50대 기업

최상훈 지음

발행처/한국문화사
발행인/김진수
등록번호/2-1276
발행/1994년 9월 15일 초판1쇄 인쇄
주소/133-112 서울 성동구 성수1가 2동 656-396
영진빌딩 2층
전화/464-7708
499-0846
팩스/469-4566
값 7,000원
ISBN 89-7735-066-2